SILVIO SANTOS
— A TRAJETÓRIA DO MITO —

FERNANDO MORGADO

SILVIO SANTOS
— A TRAJETÓRIA DO MITO —

© 2017 - Fernando Morgado
Direitos em língua portuguesa para o Brasil:
Matrix Editora
www.matrixeditora.com.br

Diretor editorial
Paulo Tadeu

Capa
Allan Martini Colombo

Foto da capa
Ari Vicentini © 2017 - Estadão Conteúdo. Todos os direitos reservados

Projeto gráfico e diagramação
Monique Schenkels

Revisão
Adriana Wrege
Lilian Brazão
Raquel Morgado

CIP-BRASIL. CATALOGAÇÃO NA PUBLICAÇÃO
SINDICATO NACIONAL DOS EDITORES DE LIVROS, RJ

Morgado, Fernando
Silvio Santos / Fernando Morgado. -- 1. ed. -- São Paulo : Matrix, 2017.
208 p. : il. ; 23 cm.

Inclui bibliografia
ISBN: 978-85-8230-315-3

1. Santos, Silvio, 1930-.
2. Empreendedores - Brasil - Biografia.
3. Empresários -Brasil - Biografia.
4. Televisão - Estações - Brasil - História. I. Título.

17-39825		CDD: 926.58
		CDU: 929:658

Para minha família, que nunca deixou faltar apoio e compreensão.

Sumário

CAPÍTULO 1 — O homem por trás do sorriso 9

CAPÍTULO 2 — Negócios 15

Toque de Midas 30

Relação com o dinheiro 37

O estilo Silvio Santos de administrar 39

Maus negócios 44

Lições de sucesso 47

CAPÍTULO 3 — Artista 53

O começo da carreira 73

Manoel de Nóbrega 74

Os programas de TV 77

O estilo Silvio Santos de comunicar 81

Um artista que é empresário ou um empresário que é artista? 84

Fama 87

Relação com a crítica 91

Analisando a comunicação 92

Aposentadoria? 96

CAPÍTULO 4 — Dono de televisão 99

A formação do SBT 120

Record 125

O programador 126

Globo 131

Ibope 133

Elenco 134

Jornalismo 135

O negócio televisão 137

CAPÍTULO 5 — Política 141

Longe da política 154

Dentro da política 156

Relação com os presidentes 162

CAPÍTULO 6 — Vida pessoal 165

Em que acredita 173

Violência 174

Fé 176

Morte 178

Na intimidade 179

Valores pessoais 185

Cronologia 189

Referências 203

1
O homem por trás do sorriso

Independentemente de se considerar mais comerciante ou mais artista, o profissional Senor Abravanel, conhecido pelo nome artístico Silvio Santos, cristalizou-se como elemento relevante da cultura popular. Qualquer brasileiro sabe cantarolar a música que anuncia seu programa, imitar a sua gargalhada e repetir os seus bordões. Muitos pontuam fases da vida com as atrações apresentadas por ele e sonham com a fortuna prometida em seus programas.

De fato, Silvio Santos é um comerciante. Vende sonhos embalados em um sorriso que, diante das câmeras, parece indestrutível. Contudo, ele vai além. Graças à sua persistência e, por que não dizer, insistência, construiu uma carreira que dura mais de sete décadas, sendo cinco delas à frente do programa de televisão que leva seu pseudônimo e é sinônimo de domingo. Chegou a animar mais de dez horas ao vivo, entremeando sorteios milionários com gincanas infantis, brincadeiras com artistas, desafios ao conhecimento, câmeras escondidas, oportunidades para calouros, números musicais e pedidos de namoro. Forjou um estilo que resiste à variedade e ao tempo. Serve de exemplo para outros apresentadores que desejam alcançar um sucesso tão reluzente quanto são as joias usadas pelo Patrão, um dos apelidos de Silvio.

Por trás desse mundo feito de painéis, piões e roletas, há um exército de empregados liderado por Silvio Santos. Ele trabalha para manter viva a magia que transforma colegas de trabalho em freguesas. Silvio foi um dos primeiros brasileiros a perceber que a classe C era um bom negócio e, para ela, já vendeu de tudo: de carnê de mercadorias a sabonete, passando por plano de saúde, crediário, previdência privada, automóvel, perfumes e título de capitalização.

Entre o artista e o empresário, está o homem. Carioca, casado, pai de seis filhas e que se declara conservador, apesar de comandar uma rede de emissoras que, por diversas vezes, deixou de lado qualquer conservadorismo na hora de lutar por mais pontos de audiência.

Essa, aliás, parece ser a sua faceta mais complexa. Para ele, ser dono do SBT não é o mesmo que ser dono de qualquer outra coisa — ainda que essa coisa tenha sido um banco, por exemplo. Silvio Santos considera que a televisão é "o seu negócio". Foi o primeiro artista da tela a formar sua própria rede. A partir de um show dominical, fez brotar uma grade inteira de programação, revelando um estilo tão frenético quanto conectado com a massa. E essa conexão se dá sempre pelas formas mais inusitadas: passando sucessivos episódios de *A Pantera Cor de Rosa*, até o capítulo da novela concorrente acabar, exibindo o *Jô Soares Onze e Meia* só depois da meia-noite ou adotando *Chaves* como solução infalível para atrair espectadores a qualquer hora do dia ou da noite.

Em longo prazo, atos assim poderiam desgastar a imagem de qualquer um, mas com ele, e apenas com ele, tudo isso produz o efeito contrário em uma parcela expressiva do público. Cada arroubo parece cobrir-se com uma capa de genialidade que, além de surpresa, desperta torcida. São muitos os que querem vê-lo vencer, como se ele os representasse, tanto pela origem simples, quanto pela identificação que gera a cada brincadeira animada em seu auditório repleto de povo.

Tudo isso asfaltou um caminho que quase o levou a Brasília, empurrado pela própria vaidade e pela esperança alimentada por milhões de que Silvio Santos poderia salvar o Brasil. Essa fase passou, mas até hoje há quem declare que votaria nele para presidente da República.

Aliás, a relação de Silvio com o governo, qualquer governo, é muito particular. Nunca confronta, nem contesta. Define-se como um "*office boy* de luxo". Foi capaz de cantar que "*o Figueiredo é coisa nossa*", referindo-se ao ex-presidente João Baptista de Oliveira Figueiredo, e exibir as comemorações pelo aniversário do também ex-presidente Fernando Collor em seu programa. Por outro lado, por mais contraditório que seja, permitiu que sua rede de televisão fizesse história no jornalismo com programas combativos e opinativos.

Da imprensa, Silvio Santos mantém distância. Chegou a sentir--se perseguido pela crítica e recusa praticamente todas as solicitações de entrevista feitas por repórteres. Hoje em dia, sua principal justificativa para tal conduta é a profecia que teria sido feita por uma cigana nos Estados Unidos: a de que, se Silvio concedesse uma entrevista, morreria no dia seguinte.

Seja como for, o fato é que, ao longo das últimas décadas, Silvio Santos já se manifestou publicamente a respeito dos mais diversos temas, indo muito além da conversa descontraída que trava com os participantes dos seus programas. Dinheiro, sexo, política, vida após a morte, família, drogas, negócios e violência são alguns dos temas que Silvio já abordou até diante das câmeras do SBT. Essas falas, agora organizadas neste livro, revelam como pensa esse homem que amadureceu diante dos olhos dos brasileiros e que, de camelô, transformou-se em um exemplo de sucesso para muitos.

✶✶✶

Silvio Santos – A Trajetória do Mito reúne centenas de frases desse artista e empresário, ditas desde os anos 1950. Elas foram organizadas em cinco blocos temáticos: "Negócios", "Artista", "Dono de televisão", "Política" e "Vida pessoal". Cada bloco tem subdivisões, a fim de auxiliar a leitura e a consulta. Ao final, foi incluída uma breve linha do tempo que relaciona os principais acontecimentos da vida de Silvio Santos.

É importante ressaltar que não se trata de um compilado de bordões. As falas não estão necessariamente dispostas em ordem cronológica de publicação, pois Silvio, em diversos momentos, refere--se a acontecimentos passados, como a sua infância no Rio de Janeiro ou o seu começo no rádio paulistano, por exemplo. A sequência foi construída de modo a revelar ao leitor como o pensamento do dono do SBT se desenvolveu ao longo dos anos. Esse desenvolvimento, por vezes, expõe contradições, o que torna a leitura desta obra ainda mais reveladora, mesmo para aqueles que já conhecem os principais lances da trajetória de Silvio Santos.

Por fim, cumpre acentuar que todas as citações foram trabalhadas com a maior fidelidade possível aos registros originais. Contudo, revisões pontuais, comuns à prática jornalística, foram feitas em períodos extraídos de longos discursos de improviso, feitos no calor da emoção e que, por isso mesmo, não se mostraram integralmente claros ou gramaticalmente corretos quando transcritos. O organizador dedicou seu máximo empenho a fim de preservar as palavras ditas originalmente e, sobretudo, o sentido com o qual elas foram empregadas.

2 Negócios

Desde muito jovem, o carioca Senor Abravanel, nascido em 12 de dezembro de 1930, demonstrava uma rara disposição para o trabalho. Filho de imigrantes – o grego Alberto e a turca Rebecca –, não queria depender dos pais para comprar aquilo que desejasse, como as balas premiadas Fruna ou as entradas para as matinês de quinta-feira no cine OK, no centro do Rio de Janeiro, que exibia a série *O Vale dos Desaparecidos*, estrelada por Bill Elliott. Ainda na escola Celestino da Silva, onde cursou o primário, aproveitava o horário do recreio para vender doces aos colegas. E quis mais. Depois de muito andar pelas ruas do centro do Rio à procura de trabalho e de se decepcionar com os baixos salários oferecidos pelas lojas e repartições públicas, presenciou uma cena que o faria escolher sua primeira profissão.

Gritando, um homem chamava a atenção de quem passava pela Avenida Rio Branco. Ele vendia carteiras plásticas para guardar título de eleitor. O ano era 1945. Após o fim do Estado Novo, o Brasil voltava a ser uma democracia, ou seja, havia demanda para as tais carteiras. Senor ficou tão impressionado com a facilidade com que as vendas aconteciam que não resistiu e começou a seguir o tal homem. Logo descobriu que ele comprava grandes quantidades em uma loja na rua Buenos Aires, reduzindo, assim, o valor pago por unidade. Interessado no esquema, resolveu testar. Com uma moeda de 2 mil réis, comprou a primeira carteira. Foi para a calçada, falou para quem passava e logo fez a venda. Rapidamente voltou para a loja e comprou mais duas carteiras, também vendidas facilmente. Quanto mais dinheiro ganhava, mais o seu entusiasmo aumentava. Foi então que decidiu: seria camelô.

Não demorou muito para Senor aperfeiçoar o exercício do seu trabalho. Além de carteiras, passou a vender outros artigos, como bijuterias, bonecas dançantes, canetas e até remédio para calos. Seu contato com os pedestres também mudou. Trocou a gritaria pela conversa descontraída, emoldurada por um grande sorriso. Atraía multidões em torno de si com piadas e pequenos números de mágica, tirando moedas da orelha de quem quer que fosse, por exemplo. Além disso, destacava-se também por sua história: ao contrário de outros camelôs, ele era estudante e fazia questão de contar que trabalhava para pagar suas despesas e, assim, ajudar sua família. Isso comovia as pessoas, que pediam aos guardas que não repreendessem o garoto.

Tudo isso funcionou até certo dia, quando a vida de Senor mudou para sempre. Renato Meira Lima, então diretor de fiscalização da Prefeitura, quis levá-lo para a delegacia. Ele vinha prendendo camelôs pelo crime de vadiagem. Ao conversar com o jovem, percebeu que ele não era um vendedor comum. Impressionado com a sua capacidade de comunicação, resolveu ajudá-lo. Deu-lhe um cartão e pediu que Senor procurasse um amigo na Rádio Guanabara, hoje Bandeirantes. Chegando à emissora, viu que acontecia um teste para locutor e que centenas já haviam se inscrito. Entre eles, estava Chico Anysio. Senor se inscreveu também e foi o primeiro colocado.

Apesar de gostar da ideia de ingressar no mundo artístico, pôs tudo na ponta do lápis e não lhe agradou ver o desfalque que essa nova atividade causava ao seu bolso. No rádio, atuava até cinco horas por dia e ganhava um conto e trezentos por mês. Já na rua, trabalhava apenas 45 minutos, durante o horário de almoço dos guardas, e ganhava 960 mil réis por dia! Ou seja: em menos de uma hora como camelô, ganhava quase o que recebia por um mês inteiro de trabalho como locutor. Assim, tomou uma decisão que lhe pareceu óbvia: voltar para as ruas.

A adolescência de Senor dividiu-se entre a vida de camelô, os estudos e os auditórios das rádios, que frequentava apenas no papel de ouvinte. Seu desejo de ganhar dinheiro, um misto de vontade e necessidade, falava mais alto nessa fase. Após deixar o serviço militar obrigatório, trocou as calçadas pelos escritórios, obras e repartições públicas, nos quais vendia bijuterias, cortes de tecido e sapatos sob medida. Isso ainda acontece em algumas repartições públicas no Rio, onde pessoas passam de carrinho pelos corredores e entram vendendo de tudo, principalmente sanduíches e doces. Senor acabou retornando ao rádio, quando passou a adotar o nome artístico Silvio Santos. Mas, em paralelo, sempre manteve outras atividades. Percebendo a monotonia que reinava nas viagens de barca entre o Rio e Niterói, resolveu montar um sistema de alto-falantes que funcionava de segunda a sexta. Foi por conta dessa iniciativa que Silvio, pela primeira vez na vida, recebeu uma crítica da imprensa. Ela foi publicada na edição de 12 de junho de 1952 do *Diário de Notícias*.

> Imagine-se que alguém obteve da direção da companhia [Cantareira e Viação Fluminense, que explorava

o serviço das barcas] autorização para instalar, numa das famosas tartarugas, um alto-falante, através do qual faz as suas propagandas, enxertadas de sambas e outros berreiros populares!

[...]

Com protestos ou sem protestos dos passageiros, a Cantareira, por simples questão de bom senso, deve compreender a necessidade de proceder da mesma forma. Viajar em suas barcas — apenas viajar — já representa um teste de paciência, de resignação. Não é preciso ir mais longe em suas experiências psicológicas — mesmo porque elas podem terminar em quebra-quebra...

Silvio não hesitou e escreveu uma resposta, publicada cinco dias depois. Ele, usando seu nome verdadeiro, assinou como responsável pela Rede Guanabara de Propaganda, nome com o qual batizou seu negócio de alto-falantes. Após se declarar leitor do *Diário de Notícias*, fazer inúmeros elogios ao jornal e lembrar que nunca recebera nenhuma reclamação, nem por parte da Cantareira, nem por parte dos usuários, lançou um desafio.

Finalmente, se ainda pairar dúvida quanto à utilidade do serviço que realizo, convido-o para o teste final. V.s. viajará comigo durante a transmissão dos nossos programas, e num dos horários mais concorridos. Realizaremos então um inquérito com os passageiros. Se

> noventa por cento das opiniões não forem favoráveis
> a mim, retirarei em 24 horas os alto-falantes.

Alegando "motivos irremovíveis", o crítico declinou do convite. E Silvio seguiu adiante. A cada dia, tomava mais gosto pelo trabalho de corretor de anúncios, mais rentável para ele que o de camelô.

Resolveu ligar o sistema de alto-falantes também aos fins de semana, quando as barcas se dirigiam para a ilha de Paquetá. O público dançava ao som das músicas e sentia sede. Silvio teve, então, outra ideia: fechou um acordo com a Antarctica e montou um pequeno bar de madeira a bordo, onde vendia refrigerantes e cervejas. Mesclaram-se, então, as suas facetas de comerciante e animador. Quem comprasse alguma bebida recebia uma cartela para participar do bingo realizado durante a viagem. E aquele que marcasse todo o cartão primeiro ganhava uma jarra. O resultado dessa brincadeira? Silvio se transformou no maior cliente da Antarctica no Rio de Janeiro.

Esse negócio, que parecia tão promissor, logo sofreria um golpe: com problema no eixo, a barca, onde estava o bar, foi parar no estaleiro. O tempo previsto para o conserto era de, no mínimo, três meses. Tempo demais a esperar e Silvio precisava pensar em uma alternativa, pois tinha contraído uma dívida para trocar o bar por um com melhores materiais, agora com aço inoxidável. Foi quando um diretor da Antarctica lhe fez um convite para conhecer São Paulo e ele aceitou.

A princípio, seriam poucos dias de viagem. Contudo, estimulado pela vaga de locutor que conseguira na Rádio Nacional, atual Globo, Silvio decidiu ficar. Mas ele ainda tinha uma dívida a honrar em sua terra natal, então, na tentativa de conseguir mais dinheiro, levou seu bar para São Paulo e o instalou, em sociedade com um cunhado de

Hebe Camargo, ao lado da emissora onde trabalhava. Durante certo tempo, conciliou o microfone com o balcão. Mais tarde, conseguiu vender o bar, batizado de Nosso Cantinho, por 240 mil cruzeiros. Contudo, os ganhos não eram suficientes para pagar as dívidas que contraíra e teve de abrir mais duas frentes de trabalho: voltou a corretar anúncios, lançando uma revista de passatempos chamada *Brincadeiras para Você*, e começou a fazer shows em circos.

O esforço excessivo gerou reflexos em sua saúde. Silvio perdeu peso e empalideceu. Ainda assim, foi ao socorro do seu amigo da Rádio Nacional, Manoel de Nóbrega, que estava em apuros. Em sociedade com Walter Scketer, por diversas vezes referido como "alemão", Manoel de Nóbrega havia lançado uma espécie de poupança popular, em que o cliente pagava doze mensalidades e, em troca, recebia uma cesta de brinquedos. Era o Baú da Felicidade. Manoel havia se comprometido com a propaganda, que fez com muito sucesso. O problema estourou justo no momento da entrega das mercadorias: descobriu-se que todo o dinheiro da empresa havia se perdido! Desesperado, Nóbrega pediu que Silvio fosse até a loja do Baú, na rua Líbero Badaró, ficasse lá por cerca de duas semanas, dissesse aos mensalistas que eles logo receberiam aquilo a que tinham direito e avisasse aos novos interessados que a empresa seria fechada. Inicialmente, Silvio relutou, mas acabou atendendo ao pedido daquele que considerava um pai.

Quando chegou, o cenário que encontrou era de destruição: um espaço minúsculo ocupado pelo alemão, uma secretária, algumas caixas de madeira e duas gavetas postas no chão contendo fichas de fregueses. Na entrada, clientes se aglomeravam em busca de informações. Na tentativa de acalmá-los, Silvio precisou subir em um caixote e fazer um verdadeiro comício. Mas, mesmo com tantos problemas, ele percebeu que muitos continuavam indo à loja para pagar a mensalidade, apesar de não receber nada em troca na hora. Intrigado, ligou para o amigo:

— Nóbrega, mas o negócio é assim, dão o dinheiro e não recebem nada em troca? Só o carimbo?

— É, só o carimbo! — respondeu Manoel.

— Bom, então, posso ser seu sócio?

Esse diálogo inusitado marcou a entrada oficial de Silvio Santos no Baú da Felicidade. Ele ficou com a parte que era do "alemão" e passou a cuidar da administração e a investir tudo o que podia, reunindo aquilo que ganhava no rádio, no circo e nas revistas. Enquanto isso, Nóbrega continuou responsável pela comunicação.

Silvio apostou que o Baú seria um bom negócio, caso fosse bem administrado. Por esse motivo, promoveu diversas mudanças e os resultados logo apareceram. Assustado, Manoel decidiu sair da sociedade e entregar sua parte a Silvio, que fez questão de pagá-lo. Finalmente, em 1961, Senor Abravanel tornou-se acionista majoritário da empresa, que, em 28 de junho de 1963, transformou em BF Utilidades Domésticas e Brinquedos.

Uma das novidades que Silvio implantou foi um calendário de sorteios, premiando os clientes que estivessem "rigorosamente em dia" com as suas mensalidades. Assim, combatia a taxa de inadimplência. Isso demandou melhorias na estrutura administrativa do negócio e ampliação dos investimentos em propaganda. Por isso, em 1962, foi constituída a Publicidade Silvio Santos: a agência priorizava a comunicação do Baú, além da produção e comercialização dos seus programas na televisão.

O tempo em que sorteava bonecas Estrela e jogos de jantar Nadir Figueiredo tinha ficado para trás. Agora, eram entregues casas. Havia, porém, um sério desafio a ser superado. A legislação exigia que essas casas já estivessem construídas antes de serem sorteadas. Mas qual construtora conseguiria atender à demanda do Baú, que entregava, no mínimo, um imóvel por mês? Não houve outro jeito: a solução foi montar a Construtora e Comercial BF Ltda. E, para manter os operários sempre trabalhando, novos empreendimentos, para clientes externos, também começaram a ser lançados.

A partir de então, Silvio começou a abrir e comprar uma série de empresas, formando aquilo que, a partir dos anos 1970, passou a ser chamado de Grupo Silvio Santos. Fazia questão de reinvestir todo o lucro no próprio conglomerado. Aplicava ao máximo o conceito de verticalização, integrando ao grupo todas as empresas cuja atividade fosse vital para a operação do Baú, desde a produção e compra dos prêmios até a comunicação.

Um negócio levou ao outro. Com medo de que o governo proibisse os carnês, encarados por muitos como um jogo disfarçado, passou a vender nas lojas do Baú mercadorias também pelo crediário, o que originou uma nova rede, a Tamakavy. Aliás, a escolha desse nome foi curiosa. Estimulado pelos incentivos fiscais que o governo da época oferecia, Silvio adquiriu algumas fazendas, e uma delas, em Mato Grosso, se chamava Tamakavy. Quando decidiu lançar sua nova cadeia de crediário, recebeu uma pesquisa de nomes e o da fazenda apareceu entre as opções. Ao bater os olhos nele, Silvio não pensou duas vezes e o escolheu. Após ser alertado por seus assessores de que seria um nome difícil de memorizar, rebateu:

— Se será difícil de ser lembrado, será duplamente difícil esquecê-lo.

A partir da venda de eletrodomésticos pelo crediário, surgiu a Baú Financeira, que logo passou a trabalhar também com automóveis. E por que não ter uma concessionária? Assim, ficaria mais fácil comprar os carros que Silvio sorteava aos domingos na TV e consertar as Kombis que transportavam os revendedores do Baú. Então, em 1971, o Grupo Silvio Santos incorporou a Vila Maria Veículos, Vimave.

Os carros fizeram crescer muito a demanda do Grupo por seguros. Para atendê-la, surgiu, ainda em 1971, a Baú Seguradora. Outro negócio adquirido após a instalação da financeira foi a Dinâmica Distribuidora de Títulos e Valores Mobiliários, que vendia letras de câmbio.

A entrada no mercado financeiro obrigou Silvio a profissionalizar a gestão de seus negócios. Não que ele fosse se afastar totalmente do comando, mas teria de contar com um grupo de executivos experientes e uma melhor estrutura de controle. Assim, em 1972, constituiu a Silvio Santos Participações, *holding* que passou a controlar as demais empresas de Senor Abravanel. Foi nessa época que ele começou a consolidar a forma como administra a maioria de seus negócios, exceto a TV.

— Eu apenas vejo os números, chamo os vice-presidentes, chamo o doutor Luiz Sandoval, que é o presidente do Grupo, o Mário Albino Vieira, que é o intelectual, que é o homem-chave do Grupo, que conhece tudo, que fez o Grupo, e todos nós resolvemos os problemas do Grupo em duas ou três horas.

Silvio vê esses números pelo Relatório Geral do Acionista, RGA, um documento que recebe mensalmente da empresa *holding* com os principais dados de cada uma de suas empresas. Mais tarde, esse distanciamento acabaria lhe custando caro.

Novas frentes de atuação continuaram sendo abertas. Em 1974, Silvio entrou no setor de previdência privada com a Aspen, depois rebatizada de Asprevi e, finalmente, Aposentec, voltada para as classes C, D e E. Já para as classes A e B, lançou a Previnac. Todos esses planos eram comercializados pela Dinâmica Corretora de Previdência Privada. Em 1975, abriu a Baú Corretora S/A, para operações de câmbio, e adquiriu a Liderança Capitalização.

Quatro anos depois, constituiu a Omed, Organização Médica, responsável pelo Clam, o primeiro plano de saúde combinado com capitalização do Brasil. Assim, Silvio realizava seu antigo desejo de oferecer médicos e hospitais a preços acessíveis para as camadas populares. O sucesso de vendas foi imediato, mas acabou provocando uma forte dor na consciência. Certo dia, ao chegar em casa, encontrou na calçada um casal aos prantos. O pai disse:

— Seu Silvio, o meu filho morreu...

— Mas morreu de quê?

— Eu tinha o Clam e ele morreu.

— O senhor sabe, eu não tenho culpa, eu não sou médico.

— Não, eu sei, mas o meu filho morreu...

Depois desse diálogo, Silvio descobriu que alguns vendedores do plano diziam que, por ser dele, o Clam garantia a vida dos seus clientes. Isso o fez desistir da empresa, que terminou vendida para a Blue Life.

Todos os empreendimentos eram impulsionados pela divulgação que Silvio Santos fazia em seus programas de rádio e televisão. Essa alavanca tornou-se ainda mais poderosa depois de incorporar diversas emissoras país afora, o que deu origem ao Sistema Brasileiro de Televisão, SBT. Porém, a formação dessa rede e a construção de uma programação competitiva consumiram muitos recursos. Os altos gastos, combinados com a crise econômica aprofundada pelo Plano Collor e a forte retração do investimento publicitário, fizeram Silvio quase falir em 1990. Sobre esse assunto, ele expressou sua visão em entrevista publicada pelo jornal *O Estado de S. Paulo,* em 18 de outubro de 1987.

> Se amanhã o Saad [da Bandeirantes] ou o Marinho [da Globo] vai à falência, é normal. É um jogo, ir à falência faz parte do negócio. Mas eu não. Se eu for à falência, passo a ser ladrão. Vou ter quatro milhões de pessoas me apontando como ladrão, vou ter de mudar de país, se quiser viver. Minha responsabilidade como empresário é muito maior que a responsabilidade de qualquer outro. São 15 mil pessoas que trabalham usando o meu nome, vendendo o meu nome. Eu assumo essa responsabilidade.

A fim de se fortalecer financeiramente, Silvio se viu obrigado a fazer algo que sempre rejeitou: vender empresas. Nessa época, desfez-se das fazendas, da sua parte na Record, que passou para as mãos de Edir Macedo, da Tamakavy, incorporada pela Casas Bahia, e da TV Corcovado, comprada por José Carlos Martinez. Ao mesmo tempo, abriu a Sisan Empreendimentos Imobiliários, para fazer dinheiro com os mais de 110 imóveis que o Grupo detinha. Além dessas ações, ocorreram demissões, empréstimo e adiantamento de verba de publicidade. E, finalmente, em abril de 1991, o SBT conseguiu pagar a sua última dívida bancária.

Ainda em 1991, Silvio Santos lançou aquela que seria a tábua de salvação definitiva da sua rede de TV: o título de capitalização Tele Sena. A divulgação ostensiva, com direito a resultados divulgados de hora em hora, e os sorteios realizados pelo próprio Silvio fizeram desse produto um fenômeno que já ultrapassou a marca de 2,5 bilhões de títulos vendidos em todo o país.

Os lucros obtidos com a Tele Sena fizeram o SBT crescer, o que culminou com a inauguração, em 19 de agosto de 1996, do Centro de Televisão da Anhanguera, um dos maiores, mais modernos e mais bem planejados complexos de produção audiovisual do planeta.

Enquanto isso, outro negócio parecia ir muito bem. Em 1990, Silvio havia transformado a Baú Financeira no Banco PanAmericano, com forte atuação no segmento de microcrédito. Duas décadas depois, tinha a Caixa Econômica Federal como uma das suas acionistas e ações negociadas na Bolsa de Valores de São Paulo. O banco se transformou no maior negócio de Silvio Santos.

Tanta prosperidade ajudou, inclusive, a financiar o processo de diversificação do Grupo. Em 2006, retomando um projeto iniciado trinta anos antes sob a marca Chanson, Silvio abriu a SS Cosméticos. Foram lançados produtos com as marcas Hydrogen, Disney e Jequiti, sendo que esta última entrou na briga com gigantes como Natura e Avon.

Sobre a Chanson, há uma curiosidade. Ao desistir da empresa, em 1979, Silvio pôs à venda 60 mil frascos vazios de perfume. O comprador foi Miguel Krigsner, que tinha uma pequena farmácia de manipulação no Paraná. Sem dinheiro para pagar pelo material, ele decidiu lançar, com urgência, um perfume que ainda não estava pronto. Assim nasceu o Acqua Fresca, d'O Boticário, uma das fragrâncias mais vendidas no mundo até hoje. E a embalagem adquirida de Silvio se tornou ícone da marca.

Ainda em 2006, Silvio inaugurou o Sofitel Guarujá Jequitimar. Operado pela rede Accor, esse hotel cinco estrelas consumiu R$ 150 milhões em investimentos. Em 2007, após meio século, Silvio tirou do mercado o carnê de mercadorias do Baú da Felicidade e converteu a rede de lojas em uma operação de varejo convencional, revivendo os tempos da Tamakavy.

Tudo parecia ir muito bem, até que, em setembro de 2010, o Banco PanAmericano recebeu uma carta do Banco Central. Ela se referia a uma operação comumentemente feita por instituições de pequeno e médio portes, que vendem suas carteiras de financiamento para bancos maiores, a fim de receber à vista o valor que levariam vários meses para conseguir dos seus clientes. No final, os dois bancos, o que vendeu e o que comprou a carteira, dividem entre si o *spread* bancário, ou seja, a margem de lucro.

A carta relatava que o Banco Central, durante uma de suas fiscalizações, detectou diferença entre os valores reportados pelos bancos cedente e adquirente. Em outras palavras: o PanAmericano vendia sua carteira, mas dava baixa em apenas parte dela, inflando seu patrimônio líquido. E como um banco só pode financiar até 12 vezes o tamanho desse patrimônio, ao inflá-lo, o PanAmericano concedia empréstimos em valores superiores ao que poderia. Tal fraude, de acordo com a primeira avaliação do Banco Central, abriu um rombo de R$ 2,1 bilhões.

Ainda em setembro, no dia 22, Silvio foi a Brasília ter uma reunião com o então presidente Lula. Havia 16 anos que o apresentador não entrava no Palácio do Planalto. Na última vez, ainda era Itamar Franco quem estava lá. O encontro foi marcado às pressas, ocupando um horário antes reservado para Henrique Meirelles, então presidente do Banco Central. Aos jornalistas, Silvio disse que foi pedir ao presidente que participasse do *Teleton*, discursando na abertura do programa e doando R$ 12 mil, ou seja, mil para cada ano da campanha da AACD. Somente algumas semanas depois dessa reunião é que a crise do PanAmericano se tornaria pública.

A solução encontrada para a crise foi obter um empréstimo junto ao Fundo Garantidor de Créditos, FGC, entidade civil sem fins lucrativos criada pelos bancos, no valor de R$ 2,5 bilhões, o suficiente para equilibrar as contas do PanAmericano. Em contrapartida,

Silvio deu como garantia todas as suas 44 empresas, incluindo seu tão amado SBT. Tal atitude foi bem recebida pelo mercado, que não era acostumado a ver esse tipo de comprometimento. De acordo com Gabriel Jorge Ferreira, então presidente do Conselho de Administração do FGC:

> Essa operação teve uma característica diferente do que é usual, porque o empresário se dispõe a fazer um sacrifício pessoal de entregar todo o seu patrimônio para sair de um problema e evitar um problema para o mercado. No fundo, no fundo, ele procurou sanear a instituição sacrificando o seu patrimônio, dando-o em garantia, com o intuito de preservar depositantes, preservar investidores, preservar a estabilidade do mercado.

Silvio teria dez anos para pagar o empréstimo. Próximo de completar 80 anos de idade, aceitou encarar esse que seria o maior desafio da sua vida empresarial. O fardo, porém, ficou pesado demais: foi encontrada uma nova inconsistência contábil. O buraco passou a ser de R$ 4,3 bilhões e Silvio não tinha mais patrimônio para cobri-lo. Diante disso, ele desistiu de manter sua participação no PanAmericano, vendido em 31 de janeiro de 2011 para o BTG Pactual.

Após a experiência negativa com o PanAmericano, Silvio Santos decidiu retomar as rédeas dos negócios. Muitos executivos que o acompanhavam havia anos foram demitidos ou pediram demissão. Ele reduziu drasticamente o número de negócios, fechou o Teatro Imprensa, inaugurado em 1988, e voltou toda a atenção para o SBT, que recuperou competitividade; para a Liderança Capitalização, responsável pela Tele Sena; e para a Jequiti, que tem chamado atenção do mercado com seu crescimento.

Ao analisar o perfil do empreendedor Senor Abravanel, percebe-se uma ousadia acima da média. Mesmo comprometendo sua vida pessoal, ele demonstra não ter medo de assumir novos desafios ou de investir naquilo em que acredita, sem se importar com a opinião dos outros. O saldo positivo de sua carreira, que acumula mais vitórias que derrotas, justifica a grande autoconfiança que lastreia suas decisões. Entre as consequências disso, está o forte personalismo que marca o seu estilo de gestão, ainda que declare confiar em seus assessores. Tudo isso ganha contornos mais fortes quando se pensa que o empresário Senor Abravanel e o artista Silvio Santos são a mesma pessoa, ou seja, as vicissitudes do homem de televisão se misturam com as do homem de negócios.

O Grupo Silvio Santos tornou-se um caso único, pois suas atividades não surgiram apenas de oportunidades levantadas no mercado, mas também de espaços abertos pela capacidade de comunicação do seu acionista majoritário com o público, especialmente aquele de menor renda. Essa forma de empreender, tão baseada em atributos pessoais, é, por isso mesmo, difícil de ser replicada por outros, mas serve como ensinamento para aqueles que procuram compreender, ou mesmo ser, um *self-made man*.

Toque de Midas

Um dia eu estava passando pela Avenida Rio Branco, tinha algum dinheiro no bolso e resolvi comprar três carteirinhas de plástico [para guardar título de eleitor]. Era 1945, época de eleição para a presidência da República. Achei que poderia ganhar algum dinheiro vendendo as carteirinhas. Comprava três por Cr$ 3,00 e vendia a Cr$ 5,00 cada uma momentos depois. Era bom negócio.
— *O Estado de S. Paulo*, 17 de agosto de 1983

Meu ponto preferido, como camelô, era a Avenida Rio Branco, esquina da Rua do Ouvidor.
— Depoimento para o livro *A vida espetacular de Silvio Santos*, de Arlindo Silva (L. Oren, 1972)

Desde garoto, quando era camelô, já reunia gente. Existe uma diferença muito grande entre o chamado marreteiro atual e o camelô de antigamente. Antigamente, éramos só dez no Rio, mas o camelô era aquele que colocava a seu redor, fazendo mágica ou falando sobre o produto que tinha para vender, umas 100, 200 pessoas. Eu era praticamente um animador de rua. Então, por intuição ou por natureza, quando parava e começava a conversar, as pessoas iam parando e ouvindo o que tinha a dizer.
— *O Estado de S. Paulo*, 7 de janeiro de 1990

No carnaval, eu vendia cervejas, refrigerantes, lança-perfume, confete, serpentina, sanduíches. Quando era época de São João, montava barracas no centro da cidade e vendia fogos. Na Páscoa, chocolates, coelhos etc. No 7 de setembro, havia parada, desfile nas ruas, e então eu vendia caixotes velhos. A multidão se acotovelava nas calçadas para assistir ao desfile, e aqueles que ficavam nas fileiras de trás muitas vezes não conseguiam ver o espetáculo. Então compravam os meus caixotes, subiam neles e, estando mais altos, tinham uma visão privilegiada.

— Depoimento para o livro *50 anos de TV no Brasil*, organizado por J. B. de Oliveira Sobrinho, Boni (Editora Globo, 2000)

Eu tinha, evidentemente, que escolher: ou continuar na linda profissão de locutor da Rádio Guanabara, ganhando um conto e trezentos por mês, ou continuar como camelô, ganhando 960 mil réis por dia! E mais um detalhe: na rádio eu era obrigado a trabalhar entre 4 e 5 horas por dia. Como camelô na avenida eu trabalhava apenas 45 minutos por dia, isto é, tempo exato que o guarda demorava para almoçar. [...] Pensando em tudo isto, tomei minha decisão: fiquei na Rádio Guanabara apenas um mês. E voltei a ser camelô.

— Depoimento para o livro *A vida espetacular de Silvio Santos*, de Arlindo Silva (L. Oren, 1972)

Era muito monótona. Só viajavam três ou quatro homens e o resto era tudo prostituta. Fugindo para Niterói, porque eram reprimidas pela polícia do Rio. Aí, eu pensei: por que não botar música? Pelo menos fica um ambiente mais alegre.

— Referindo-se à ultima barca de volta ao Rio.
O Estado de S. Paulo, 17 de agosto de 1983

Comecei a fazer anúncios, fazia bingos, nas barcas que saíam do Rio, ali da Praça XV, e levavam as pessoas para Niterói, Paquetá, Ilha do Governador.

— Depoimento para o livro *50 anos de TV no Brasil*,
organizado por J. B. de Oliveira Sobrinho, Boni
(Editora Globo, 2000)

Fui à Companhia Antarctica e pedi que eles me emprestassem um balcão de madeira, umas tinas daquelas grandes de gelo, que ainda são usadas até hoje, e comecei a vender cerveja e guaraná na barca. A venda ia bem, mas aí, como eu já estava com vontade de ser animador, resolvi botar um bingo dentro da barca. Cada pessoa que comprasse um guaraná ou uma cerveja recebia um cartão e um lápis para a marcação do bingo. No meio da viagem (a Paquetá), eu parava a música, parava o baile, o pessoal sentava nos bancos e começava o bingo...

— Depoimento para o livro *A vida espetacular de Silvio Santos*, de Arlindo Silva (L. Oren, 1972)

Como corretor de anúncios de um serviço de alto-falante nas barcas da Cantareira, passei a ganhar mais do que como camelô. Então o espírito de camelô morreu definitivamente dentro de mim. Nasceu, em seu lugar, um espírito muito mais forte: o de homem de negócios e chefe de um empreendimento próprio.

— Depoimento para o livro *A vida espetacular de Silvio Santos*, de Arlindo Silva (L. Oren, 1972)

Ganhei muito dinheiro com isso. Mas a barca entrou no estaleiro para sofrer reparos e eu não poderia ficar parado. Mudei-me para São Paulo, onde ingressei na Rádio Nacional. Se não tivesse feito isso seria um desastre, pois até agora a barca está em conserto...

— Referindo-se ao serviço de alto-falante que instalou na barca. *Revista do Rádio*, 23 de outubro de 1965

Quando eu cheguei em São Paulo, era pra ficar uma semana e até hoje estou aqui. Cheguei em São Paulo para visitar e entrei de brincadeira num concurso de locutores. Ganhei e estou até hoje. Nunca pensei que ia ter um Grupo, que eu ia ter um programa... Aconteceu.

— Discurso no evento de 50 anos do Grupo Silvio Santos, 22 de setembro de 2008

Sempre tive muita sorte nos negócios. Comprei em São Paulo um bar ao lado da Nacional. Vendi com bom lucro. Já vendi um jipe ao Ronald Golias e depois o mesmo jipe voltou para mim, com muito lucro... Se faço negócios procuro sempre ganhar dinheiro neles. Por isso posso ser chamado de bom negociante.

— *Revista do Rádio*, 20 de agosto de 1960

O [Manoel de] Nóbrega me chamou, pediu que eu fosse resolver o problema das pessoas que viessem pagar para o próximo ano e que eu dissesse a elas que, infelizmente, não ia mais ter Baú da Felicidade e que elas não precisavam pagar. Mas aí eu percebi que aquilo era um bom negócio, que, bem administrado, poderia fazer sucesso. Então falei com o Nóbrega, se ele queria que eu continuasse lá, e que nós ficaríamos sócios, 50%.

— Documentário *Manoel de Nóbrega: uma história*, exibido pelo SBT em 22 de maio de 2004

A maior loja que eu abri do Baú da Felicidade no Rio de Janeiro, a que mais me empolgou na época, foi em Madureira. Era uma loja enorme, nós até tínhamos dificuldade em pagar o aluguel. Eu dizia para os meus executivos: "Olha, essa loja é muito grande, vocês vão pagar um aluguel alto, nós não estamos ainda podendo gastar isso...". E hoje é a mesma loja, continua no mesmo lugar, e até parece bem menor do que era na época.

— SBT, 1 de março de 2011

O Nóbrega disse pra mim que havia gasto [com o Baú da Felicidade] 500 mil e alguma coisa, então fiz questão de pagar 500 mil e alguma coisa vezes dez.

— Detalhando como comprou a parte de Manoel de Nóbrega no Baú. Documentário *Manoel de Nóbrega: uma história*, exibido pelo SBT em 22 de maio de 2004

Dos primeiros momentos, quando eu era chamado nas delegacias para dar satisfações aos delegados daquilo que os meus vendedores diziam quando vendiam o Baú da Felicidade, pra cá, muita coisa mudou. Nos primeiros anos, eu cheguei a ficar em cima de caixotes, acalmando os fregueses que não tinham recebido o Baú quando ele não era de minha propriedade. Eu lembro que eu tive que fazer um comício dizendo: "Calma, calma, vocês não vão perder nada, porque o responsável pelo Baú vai pagar a cada um de vocês aquilo que não foi entregue!".

— Discurso no evento de 50 anos do Grupo Silvio Santos,
22 de setembro de 2008

Bom, o Baú precisava de um impulso de publicidade pra poder ir pra frente. Então eu fui fazer propaganda do Baú. Então precisava de uma agência de publicidade que cuidasse disso. Aí a agência não podia ficar única e exclusivamente com a conta do Baú. Seria muito gasto pra isso. Então começamos a pegar outras contas e a agência ficou autônoma. Depois, a gente resolveu dar casas de prêmio. E nós comprávamos as casas. Mas as construtoras nunca entregavam as casas no dia certo. Então montamos uma construtora. Bom, seria desperdício que essa construtora ficasse só construindo casas pra dar de prêmio. Então passamos a construir e vender. Aí criamos um crediário para quem comprasse as casas da nossa construtora. Então montamos o crediário. Mas tinha muita gente que não tinha dinheiro pra comprar ou para gozar dos descontos feitos quando a casa é comprada à vista. Montamos uma financiadora. Mas a financiadora, justamente por ser uma financiadora, não poderia ficar unicamente financiando os crediaristas e compradores de nossas casas. Então passamos a financiar todo mundo que nos procurasse, como qualquer outra financiadora. É muito mais simples fazer as coisas assim completas.

— *A Crítica*, 1969

O milagre brasileiro é outro. Imaginem só: nós dois criando gado aqui em Barra do Garças. Um locutor e um repórter. Quem diria.

— Em entrevista a David Nasser.
O Cruzeiro, 29 de novembro de 1972

O Baú é a galinha dos ovos de ouro.

— Discurso no evento de 50 anos do Grupo Silvio Santos,
22 de setembro de 2008

Eu não dou entrevistas porque me perguntam: "Como você conseguiu esse resultado?". Eu não sei. Nunca esteve nos meus planos conseguir esse resultado.

— Discurso no evento de 50 anos do Grupo Silvio Santos,
22 de setembro de 2008

Eu estou há quarenta anos trabalhando para essa classe [C] com o Baú. É uma classe espetacular. É humilde, é correta. Pobre é o melhor pagador do mundo. A classe média às vezes não paga porque sabe que se a coisa for para a Justiça pode demorar até dez anos.

— *Veja*, 17 de maio de 2000

O sucesso do Grupo [Silvio Santos] é uma bandeira. De um lado, tem a palavra sorte; do outro, a palavra Deus.

— Discurso no evento de 50 anos do Grupo Silvio Santos, 22 de setembro de 2008

Relação com o dinheiro

Minhas relações com o dinheiro são as de patrão e empregado. Gosto dele porque é bom empregado, mas quem dá ordens sou eu.

— Declaração ao jornal *Última Hora* (SP) reproduzida pela revista *O Cruzeiro*, 1 de julho de 1977

O dinheiro é muito subjetivo. Depende muito de quem vai usá-lo.

— SBT, 21 de fevereiro de 1988

Eu sempre tive fases crescentes em toda a minha vida. Nunca decrescentes. Sempre subindo.

— *A Crítica*, 1969

Quando eu era locutor de rádio, os meus colegas se aproximavam de mim, batiam papo comigo, eram iguais a mim. Depois, não sei por que razão, que eu passei a ser empresário de televisão, os colegas ficam mais afastados, ficam perguntando para as minhas secretárias: "Como é que ele está? Será que eu posso falar com ele?".

SILVIO SANTOS

Posso garantir a vocês que eu continuo sendo o mesmo colega. Eu não mudei... Pode ser que eu tenha mudado financeiramente, mas, pessoalmente, eu me considero o mesmo.

— SBT, 19 de agosto de 2011

Sou tão conservador, que não me adianta ter dez camisas, só uso duas. Dez sapatos, só uso dois. Sou conservador em tudo. Por isso não sinto grandes diferenças na vida, dos 14 aos 59 anos. Nem quando eu tinha 1.000, nem quando tinha 10 mil. É tudo uma questão de zeros.

— *O Estado de S. Paulo*, 7 de janeiro de 1990

Desde quando estudei História da Civilização, li que o povo precisa de pão e circo. Durante todos esses anos, desde quando eu era camelô, dei circo ao povo pra ganhar o meu pão. E desde os 14 anos que sempre tive muito mais pão do que precisei. Ganhava três salários mínimos num dia.

— SBT, 6 de março de 1988

Não me preocupo em fazer [dinheiro], mas como faço aquilo que gosto dar resultado.

— *O Estado de S. Paulo*, 7 de janeiro de 1990

O senhor não precisa mais de dinheiro. Eu também não. Mas os nossos funcionários precisam de dinheiro.

— Apelando para que Roberto Marinho permitisse que a Globo veiculasse anúncios com artistas de outros canais.

SBT, 1988

O dinheiro, para mim, representa apenas troféu de sucesso e de vitória.

— SBT, 21 de agosto de 2011

O estilo Silvio Santos de administrar

As empresas do meu Grupo não estariam na situação em que se acham se eu fosse me divertir em Paris. Trata-se de uma escolha: gastar pelo prazer de gastar ou aplicar dinheiro com objetividade. E eu chego a lhe dizer que não tenho o direito de dispor das empresas de acordo com a minha vontade, porque elas pertencem aos que nela trabalham e delas dependem para viver.

— *O Cruzeiro*, 5 de maio de 1971

A empresa tem que ser a personalidade do dono.

— *Folha de S. Paulo*, 21 de fevereiro de 1988

Eu confio muito no meu feeling. 90 ou 95 por cento das decisões que eu tomo, graças à minha intuição, costumam dar certo. Eu digo isso sem menosprezar meus assessores. Eles são excelentes na execução, mas eu gostaria de ter aqui mais gente criativa. No Brasil, as pessoas são pouco criativas em geral. E uma ideia pode

SILVIO SANTOS

representar apenas 10% de um empreendimento, mas sem ela não existiriam os 90% de execução bem-sucedida.

— *Veja*, 28 de maio de 1975

Estou dando uma incerta. Não quero que saibam que o dono chegou.

— Chegando disfarçado, com óculos escuros e barba postiça, para conhecer a fazenda Tamakavy, que havia comprado em Mato Grosso. *O Cruzeiro*, 29 de novembro de 1972

Como empresário, eu tenho que resolver os problemas com sensatez, racionalidade, tentando equilibrar razão com emoção, e tenho que pensar em 15 mil famílias que vivem das minhas empresas.

— SBT, 7 de maio de 1987

Formei um grupo de assessores competentes, que conseguem para as empresas o Ibope que a minha produção garante para a TV. Eu procuro me comunicar com minha equipe da mesma forma que com meu público. E posso garantir: tenho audiência total.

— *O Cruzeiro*, 5 de maio de 1971

No Grupo Silvio Santos eu não preciso nem aparecer. Tenho diretores ótimos. Vejo apenas os resultados. Eu atrapalho se aparecer.

— *Jornal do Brasil*, 14 de fevereiro de 1988

Já há mais de vinte anos que eu não tenho participação direta nas minhas empresas. Eu tenho ações do Grupo, mas isso não quer dizer que eu trabalhe no Grupo.

— Discurso no evento de 50 anos do
Grupo Silvio Santos, 22 de setembro de 2008

Para muitos dos meus funcionários, os parentes perguntam: "Você trabalha onde?". "Ah! Eu trabalho com o Silvio Santos!". "Mas você já viu o Silvio Santos?". "Já! Pela televisão...".

— SBT, 21 de agosto de 2011

Deve mostrar que é um colaborador sincero. Mas o importante mesmo é não ter medo de mim.

— Explicando qual seria a condição essencial para alguém
trabalhar com ele. *Veja*, 28 de maio de 1975

Eu procuro fazer profissionalismo. Se você é bom, progride. Se você não é bom, fica na posição onde está e procura cada vez avançar mais.

— SBT, 19 de agosto de 2011

Nunca tive nenhum cargo de direção em nenhuma de minhas empresas. Mesmo porque prefiro ter profissionais dirigindo, porque a responsabilidade é deles. A minha fica limitada à animação dos programas.

— *O Estado de S. Paulo*, 7 de janeiro de 1990

SILVIO SANTOS

Não estou pretendendo inflacionar o mercado e nem oferecer, por exemplo, Cr$ 80 mil a quem ganha Cr$ 40 mil. Isto seria muito fácil e não significaria a realização que estamos procurando. Essa concorrência, só nas minhas outras empresas: agora mesmo acabo de contratar para a minha empresa de seguros o melhor profissional do mercado. Ele ganhava uma quantia em outra companhia, ofereci o dobro e ele está comigo. Foi fácil, mas foi só a utilização do sistema capitalista.

— Comentando sobre salários de artistas.
Amiga, 12 de novembro de 1975

Se o funcionário sai, é porque ele quer melhorar a sua situação profissional. Mas se ele quer voltar, as portas estão abertas. Aqui, nós nunca fechamos as portas pra ninguém. Nenhum dos nossos funcionários saiu como nosso inimigo.

— SBT, 19 de agosto de 2011

O meu objetivo, hoje, não é apenas o de um empresário que aumenta o seu patrimônio. O meu objetivo é aumentar o número de pessoas que trabalham e que vivem pelo Grupo Silvio Santos.

— Documentário *Silvio Santos: um exemplo de sucesso*

Em todos os anos, quando se fecha o balanço, eu nem me preocupo com quantos zeros o balanço vai apresentar. Eu me preocupo com a continuação da empresa.

— SBT, 20 de agosto de 2006

Nesses meses e anos, eu trabalhei muito. Tive boas alegrias e grandes aborrecimentos.

— Discurso no evento de 50 anos do Grupo Silvio Santos, 22 de setembro de 2008

Todos deveríamos nos unir para que pudéssemos alcançar melhores resultados. Seria melhor que um ficar digladiando com o outro. É besteira isso.

— Conversando com Edir Macedo no Templo de Salomão. Dias depois, seria anunciada a criação de uma *joint venture* entre SBT, Record e RedeTV! para atuar no mercado de TV paga. Record, 3 de abril de 2016

À medida que o grupo cresce, eu sou mais responsável. Se amanhã acontece um sucesso do Grupo, eu recebo os elogios. Mas se amanhã acontece um fracasso, o único responsável sou eu.

— Discurso no evento de 50 anos do Grupo Silvio Santos, 22 de setembro de 2008

Tenho hoje independência financeira para fazer qualquer negócio, em qualquer lugar do mundo. Quando vendia canetas, não tinha.

— *Folha de S. Paulo*, 21 de fevereiro de 1988

Maus negócios

Eu estou sempre bem. Você já me viu mal?

— *Folha de S. Paulo*,
12 de novembro de 2010

Eu ia fazer cinema; resolvi que seria mau negócio. Não existem profissionais. Só existe gente amadora, preocupada com o prêmio de Cannes e outros prêmios nossos ou do exterior. Não dá.

— *A Crítica*, 1969

O Manoel de Nóbrega sempre foi muito infeliz nos negócios. Parece que ele, por algum motivo, gostaria de ter atividade. Mas como a atenção dele estava sempre voltada para o rádio e para a televisão, ele deixava de lado os negócios. Por não dar atenção, ele não era bem-sucedido. Ou as pessoas agiam mal com ele, ou os próprios negócios caminhavam mal, sem que ele soubesse. Quando os negócios estavam irremediavelmente perdidos, quando o prejuízo já era muito grande, é que a notícia chegava a ele. Ele aí então era obrigado a pagar o prejuízo porque, geralmente, a pessoa que o envolvia no negócio ou já tinha perdido tudo ou não tinha nada para pagar, então sempre pagou do bolso dele. Eu me lembro das Travas Carneiro, que eu mandei um auditor, ele veio com a solução e nós solucionamos.

— Documentário *Manoel de Nóbrega: uma história*, exibido
pelo SBT em 22 de maio de 2004

Comprei a [Rádio] Tupi do Rio, que já está paga, mas ela tem que ser entregue a mim pelos condôminos, mas eu não sei o que eles vão fazer. Cumpri todas as cláusulas contratuais e os contratos. Estou esperando eles entrarem no Ministério das Comunicações com um pedido de transferência para o meu nome. Se eles não pedirem, não sei como vai ficar, mas a Rádio Tupi é minha.

> — Silvio Santos não assumiu o controle da Rádio Tupi do Rio.
> *Olho Mágico*, 1 de janeiro de 1980

Acabei com o [plano de saúde com capitalização] Clam porque diziam que, por ser meu, curava câncer, fazia nascer cabelo na cabeça de careca e, provavelmente, curava até AIDS! Sempre que o vendedor está entre mim e o meu freguês, ele conta mentiras.

> — SBT, 21 de fevereiro de 1988

[Após o fim do Clam] Imaginei um outro plano de capitalização, que não trouxesse nenhum problema de consciência e que pudesse salvar os meus negócios.

> — A criação, em 1991, da Tele Sena.
> Carta ao Tribunal Regional Federal em São Paulo,
> 17 de janeiro de 2000. Trecho reproduzido pela
> *Folha de S. Paulo*, 13 de maio de 2000

Se eu for à falência (não é drama), não vou poder andar na rua. Já vi outros empresários com uma história igual. Confiaram em homens do governo, fracassaram e "perderam" tudo. Eu não vou fracassar, porque Deus vai decidir, usando os doutores juízes como seus instrumentos.

— Carta ao Tribunal Regional Federal em São Paulo, 17 de janeiro de 2000. Trecho reproduzido pela *Folha de S. Paulo*, 13 de maio de 2000

O que aconteceu foi inexplicável até para especialistas.

— Referindo-se ao caso do Banco PanAmericano em um cartão de Natal escrito de próprio punho para Luiz Sebastião Sandoval, ex-presidente do Grupo Silvio Santos, que publicou o fac-símile em seu livro *Aprendi fazendo* (Geração Editorial, 2011)

Eu não sou obrigado a entender de perfumaria, de banco. Eu não! Isso aí eu boto dinheiro, pago bem os profissionais e eles têm que me dar resultados. E, às vezes, falham. Desta vez, falhou.

— Referindo-se ao caso do Banco PanAmericano. *Folha de S. Paulo*, 12 de novembro de 2010

Eu vendi. Se eu não entendo de banco, pra que vou ficar com o banco?

— Globo, 31 de janeiro de 2011

O Grupo Silvio Santos não tem mais nenhuma dívida com o Fundo

Garantidor [de Créditos]. As minhas empresas, que estavam como garantia, foram liberadas.

— SBT, 31 de janeiro de 2011

A Jequiti não está mais à venda. As lojas do crediário do Baú não estão mais à venda. A única coisa que foi vendida foi o banco.

— Globo, 31 de janeiro de 2011

As ações do Banco PanAmericano vão subir! Não vendam!

— Após ter vendido o Banco PanAmericano para o BTG Pactual. SBT, 31 de janeiro de 2011

Lições de sucesso

Quem quer se meter em qualquer tipo de negócio não deve se preocupar com os elogios ou com as críticas. [...] Se você não sonhar alto, administrar bem a sua empresa, com os pés no chão, não se preocupando nem com o primeiro, nem com o segundo, nem com o último colocado, se você fizer aquilo que a sua intuição manda e usar bom senso, deixando de lado a vaidade, você tem todas as possibilidades de conseguir o seu objetivo. Não tenha dúvida. Só não consegue o objetivo quem sonha demasiado. Só não consegue o objetivo quem pretende dar o passo maior do que a perna. Só não consegue o objetivo quem acredita que as coisas são fáceis. Todas as coisas são difíceis.

Todas as coisas têm que ser lutadas. Quando você consegue uma coisa fácil, desconfie, porque ela não é tão fácil quanto parece. Continue trabalhando, continue apostando na sua intuição, continue com os pés no chão e não se importe com o que a sua esposa, com o que seus filhos e com o que seus amigos falam. Se importe com aquilo que você vive no seu dia a dia. Pelo menos foi assim que eu consegui de camelô a ser banqueiro.

— SBT, 21 de agosto de 2011

Dentro do regime da livre-iniciativa, o lucro é um objetivo que deve ser alcançado, sob pena de a empresa retroceder e ter que despedir funcionários. Maiores lucros significam maiores impostos e estes revertem em benefício de todos. Entretanto, a situação dos que trabalham em minhas empresas me preocupa tanto quanto os resultados financeiros, pois um elemento bem assistido, física ou psicologicamente, rende mais para a empresa, tem mais satisfação em trabalhar nela. Dessa forma, a empresa tende a ganhar eficiência na área de ação daquele empregado. E isso representa maiores vendas, maior produtividade e maiores lucros, reinvestidos no crescimento da empresa. Em última análise, esse crescimento produz mais empregos.

— *O Cruzeiro*, 5 de maio de 1971

Aqui estamos, você e eu [David Nasser, jornalista], a viver este milagre. Você, descendente de árabes, eu, filho de imigrantes de Smyrna, tivemos a sorte de nascer aqui. Nossos pais chegaram no porão de um navio. Foram para lugares distantes, carregando baús, tocando mulas, vendendo bugigangas. Buscavam algo mais que uma pátria. Sonhavam com isto.

— *O Cruzeiro*, 29 de novembro de 1972

O segredo foi a correção, a honestidade nos negócios, a organização, a boa assessoria. Todos os meus negócios não tiveram problemas porque seguiram esses fundamentos. E aos poucos que não tiveram êxito nós abandonamos.

— *Veja*, 28 de maio de 1975

Não tenho compromisso com ninguém, nem comigo mesmo. Se amanhã o empresário Silvio Santos achar que o animador Silvio Santos não está dando o rendimento esperado, vai substituí-lo por outro.

— Declaração ao jornal *Última Hora* (SP) reproduzida pela revista *O Cruzeiro*, 1 de julho de 1977

A empresa é um grupo de homens e de ideias.

— *Afinal*, 3 de novembro de 1987

Eu luto pela sobrevivência do meu Grupo, e não pela minha vaidade, e não pela minha grandiosidade, e não pelo meu poder.

— SBT, 21 de fevereiro de 1988

SILVIO SANTOS

A vida empresarial é uma constante luta de valores profissionais e morais.

— *Afinal*, 3 de novembro de 1987

Eu sou um comerciante. Um profissional. Um homem de negócios. Eu procuro ser um bom profissional no campo em que entro. Se possível, o melhor.

— *A Crítica*, 1969

Eu não me preocupo nunca com os outros. Enquanto você está preocupado em segurar alguém embaixo, você não sobe. Largue e suba junto!

— SBT, 21 de fevereiro de 1988

Quem não se atualiza, quem não estuda, quem não é justo e quem não tem bom senso dura pouco e vai embora.

— *Afinal*, 3 de novembro de 1987

As crises não acontecem de uma forma geral. Elas acontecem particularmente para cada um. Os administradores devem, isto sim, prevenir, antever essa possibilidade de crise, de estagnação do mercado, diminuindo gastos a qualquer custo e lançar campanhas mais diretas ao público, para superar essa fase.

— *A Crítica*, 1969

Para mim os valores são iguais: trato bem tudo aquilo que está sob meu olhar, da empresa à casa, não importando se vale um cruzado ou um milhão de cruzados.

— *Folha de S. Paulo*, 21 de fevereiro de 1988

Só se chega ao topo da escada subindo degrau por degrau e aprendendo a subir. Quem sobe sem aprender e correndo, cai e nunca chega.

— *Afinal*, 3 de novembro de 1987

Uma das condições primordiais em qualquer indivíduo é ele não ser teimoso a extremos. Se a coisa ficar no chove não molha e não tiver, friamente analisada, condições de melhorar, o negócio é passar pra outra.

— *A Crítica*, 1969

De uns anos pra cá, eu fiquei consciente da responsabilidade de um empresário. Posso garantir a vocês que é muito, muito difícil. Porque hoje eu não penso mais no meu sustento, no da minha mulher e das minhas filhas. Tenho a obrigação de ganhar para o sustento de todas essas famílias que dependem do SBT.

— SBT, 20 de agosto de 2006

Talvez por não possuir as qualidades artísticas natas que outro elemento teria, eu me dedico muito mais. Por não ter o tino comercial que outro teria, eu me dedico tanto aos negócios. É por isso que digo que meu segredo é só trabalho. E trabalho é sinônimo de dedicação.

— *A Crítica*, 1969

O trabalho é a coisa mais importante para o ser humano.

— SBT, 20 de agosto de 2006

O pessoal fala porque quer falar, e eu deixo eles falarem, porque enquanto eles falam e falam, eu trabalho e os resultados estão aí. Falar não adianta, o que adianta é trabalhar. O resultado está aí, com uma vitória atrás da outra, um sucesso seguindo o outro. Se isso acontece comigo por capacidade profissional, por sorte, por ter uma boa estrela, não sei, mas não esqueçam que se existe a inspiração, também existe a transpiração. Posso ser bem inspirado, mas transpiro no trabalho, dou duro, não fico em casa nem ando por aí só gozando a vida. Continuo na luta porque lutando estarei dando trabalho para meus companheiros.

— *Olho Mágico*, 1 de janeiro de 1980

O esforço e a tenacidade valem tudo na vida. Se eu tivesse me acomodado, certamente ainda seria hoje um simples camelô nas ruas.

— *Revista do Rádio*, 23 de outubro de 1965

3 Artista

Catorze anos: uma idade marcante para Senor. Idade da sua primeira experiência sexual, da sua primeira experiência como camelô e da sua primeira experiência artística. Sem esperar, ganhou um concurso para locutor na Rádio Guanabara, mas, por considerar o salário baixo, logo voltou para as ruas. O pouco tempo diante do microfone, embora pequeno, foi o suficiente para infectá-lo com o vírus do rádio. Senor gostava de acompanhar programas de auditório e seu animador favorito era César de Alencar, que ouvia aos sábados à tarde pela Rádio Nacional. O formato da atração, composta por uma sequência de quadros com certa independência entre eles, virou referência. O próprio *Programa Silvio Santos* seria muito semelhante a isso.

Durante a semana, depois de ter trabalhado, Senor seguia para o teatro Carlos Gomes, na Praça Tiradentes. Era de lá que a recém-nascida Rádio Globo transmitia seus programas de auditório, incluindo o *Trem da Alegria*, animado pelo chamado Trio de Osso: Lamartine Babo, Yara Salles e Heber de Boscoli. De tanto ver, Senor começou a reparar na forma como eles se comunicavam, especialmente Heber, por quem tinha especial admiração. Senor via que ele verdadeiramente conversava com a plateia, como quando lançava perguntas como "Quem é que está com um sapato da Cedofeita* no pé?", e o povo respondia: "Eu! Eu! Eu!". Outro animador a quem Senor admirava era Manoel Barcellos, cujo programa ia ao ar às quintas-feiras pela Nacional e também era repleto de brincadeiras e prêmios para o público.

Senor adotou o nome artístico Silvio Santos ainda adolescente. Toda vez que desejava ganhar algum dinheiro com facilidade ou verificar se ainda levava jeito para locutor, concorria em algum concurso de calouros. Como costumava ir bem, passou a ser notado e impedido de participar. Além disso, seu nome incomum facilitava a identificação pelo pessoal das rádios. Por isso, quando foi entrar no programa *Hora do Pato*, com Jorge Curi, e o produtor Mario Ramos lhe perguntou seu nome, respondeu, para despistar:

— Silvio — disse, lembrando como sua mãe o chamava, por julgar ser parecido com Senor.

— Mas Silvio de quê? — perguntou o produtor.

— Silvio Santos, porque os santos ajudam — respondeu Senor, que é judeu.

Silvio só entrou em um auditório de rádio para atuar, e não apenas para assistir, aos 18 anos. Como não podia trabalhar nas ruas, pois achava que sua posição de soldado paraquedista não permitia, decidiu voltar ao microfone. A chance veio pelas mãos de Silveira Lima, que, naquele momento, apresentava na Rádio Mauá o programa *Clube do Guri*, aos domingos. Era justamente o dia de folga do soldado Abravanel, 392, que servia na Escola de Paraquedistas, em Deodoro,

---

* Casa Cedofeita era uma sapataria carioca da primeira metade do século XX. Ela ficava localizada na Avenida Passos, 17, centro do Rio.

e aproveitava o tempo livre para participar no ar, mesmo sem ganhar dinheiro por isso. Ele gostava de apresentar os calouros que tentavam a sorte, como ele, no passado, havia tentado várias vezes.

Após ter cumprido o serviço militar obrigatório e com o estímulo dos colegas de emissora, sentiu que poderia prosseguir com sua carreira artística. Quando Silveira Lima transferiu-se para a Rádio Tupi, Silvio foi junto. Como locutor, gostava de imitar Osvaldo Luiz, nome importante das Emissoras Associadas. Essa fase, porém, durou pouco: Silvio acabou demitido por Almirante, a mais alta patente do rádio.

Não demorou muito para conseguir outro espaço de trabalho. Na seção *Correio dos Fans*, a *Revista do Rádio* de 23 de janeiro de 1951 trazia uma resposta à ouvinte Conceição Emiliasco, de Nova Iguaçu: "O Silvio Santos não deixou o rádio. Está na Continental, atuando à noite". Essa emissora fez história no jornalismo e no esporte, mas também preenchia diversos horários com música. Nos intervalos entre 22 horas e meia-noite, Silvio revezava com outro locutor a leitura dos textos comerciais.

Paulo Caringi, que trabalhou com Silvio na Continental, foi um desses locutores e, em um depoimento que gravou sobre sua carreira, contou que, certa vez, Caringi, ao invés de anunciar o preço de uma caneca de alumínio, disse 'cueca de alumínio'. Ao ouvir isso, Silvio, não se aguentando, se trancou no banheiro até conseguir parar de gargalhar. Enquanto isso, a Continental teria saído do ar, para a ira do gerente da emissora, que logo apareceu no estúdio.

— Onde é que tá o Silvio? — perguntou, esbaforido.

— Tá no banheiro! — respondeu Caringi.

— Banheiro? O que houve? Tá passando mal?

De acordo com Caringi, a passagem de Silvio pela Continental teria se encerrado depois desse incidente. Foi uma etapa importante por dois aspectos: primeiro, porque garantiu o dinheiro necessário para montar o sistema de alto-falantes nas barcas; segundo, porque trouxe novas amizades, especialmente a de Fernando de Nóbrega, que trabalhava como locutor para pagar as despesas com a faculdade de medicina.

Em 1954, Silvio contou para Fernando que iria conhecer São Paulo. Ao ouvir isso, o amigo lhe disse:

— Quando você for a São Paulo, você procura o meu irmão, o Manoel, porque ele é mais conhecido em São Paulo do que moeda de 400 réis!

Fernando fez questão de assinar uma carta de recomendação para Silvio, que a levou na mala, mas não a entregou de imediato.

Já na capital paulista, certa noite, Silvio foi ao Bar do Jeca, esquina da Rua São João com a Ipiranga, onde gostava de paquerar as mulheres que passavam. Lá, reencontrou um locutor que fora seu colega da Rádio Tupi, em que dividiam a leitura do jornal matutino. Conversa vai, conversa vem, ficou sabendo que a Rádio Nacional, hoje Globo, precisava de um locutor para preencher a vaga que Alberto Curi, irmão de Jorge e Ivon Curi, deixaria aberta, pois iria se casar e voltar a viver em Caxambu, onde nasceu. A princípio, Silvio não se interessou pela ideia de ter um emprego em São Paulo, pois ainda pensava em regressar ao Rio para cuidar do negócio que tinha montado nas barcas. Mas quis saber se existiam programas de calouros, pois, assim, acreditava poder arranjar algum dinheiro com facilidade. Com a resposta afirmativa, foi até a Nacional procurar Jayme Moreira Filho, que animava um programa de calouros. Ele, que fora locutor esportivo na Mauá, já conhecia Silvio, sabia que ele tinha sido locutor profissional e, por isso, não aceitou inscrevê-lo.

— Se você quiser, fale com o Costa Lima, que ele está precisando de locutor.

Jayme referia-se a Demerval Costa Lima, então diretor da Organização Victor Costa, dona da Nacional e da TV Paulista, canal 5. Ainda sem levar muito a sério a oportunidade, Silvio falou com Costa Lima, fez o teste e foi aprovado.

— Você fica três meses de experiência. Eu te pago 5 mil cruzeiros por mês.

Silvio se pôs a fazer contas. Por indicação do irmão de Alberto Curi, ficaria com o quarto que ele ocupava na pensão Maria Teresa, na Avenida Duque de Caxias, pelo qual pagaria 1.750 cruzeiros. Ainda sobrariam quase 3,3 mil cruzeiros, que poderia usar para passear pela cidade. Gostou da ideia e resolveu aceitar a proposta. A estada em São Paulo, que deveria durar apenas três meses, acabou se prolongando por toda a vida.

A dívida deixada na Guanabara o preocupava e, para pagá-la, começou a acumular vários trabalhos diferentes. Isso envolvia, por exemplo, apresentações nos circos com um conjunto de artistas que o próprio Silvio formou: Chico com sua macaca Chita; o ventríloquo Humberto Simões com seus dois bonecos; o Barnabé, que contava piadas imitando Mazzaropi; e os cantores Sólon Sales, José Lopes e Gessy Soares de Lima; além de Izilda Lopes, que Silvio pôs como rumbeira, pelada, e transformou em sua principal atração.

Nessa época, conseguiu fechar com os candidatos a reeleição Antonio Sylvio Cunha Bueno, deputado federal, e Carlos Kherlakian, deputado estadual, um pacote de 40 comícios. Em troca, conseguiria comprar um Jeep Willys. Para cumprir essa agenda, o sacrifício era grande. Silvio saía de casa pela manhã e só retornava de madrugada, realizando até três shows por dia, de quinta a domingo. Ele cuidava de tudo sozinho: circulava pela região fazendo propaganda, armava o palco, apresentava o espetáculo e, ao final, desmontava a estrutura, sem falar que ainda tinha de ficar atento à bilheteria, por medo de ser roubado, e pagar todos os artistas. A saúde logo reclamou. Para aguentar, tomava injeções de cálcio-cetiva na veia. Por fim, conseguiu o carro, que acabou vendendo com lucro para Ronald Golias, seu colega de Nacional.

E, por falar em Nacional, Silvio ganhava cada vez mais espaço por lá, sendo convidado por Manoel de Nóbrega a atuar como locutor do seu programa, que ia ao ar durante duas horas na faixa do almoço e registrava grande audiência em São Paulo. Em um desses programas, Silvio lia o texto comercial quando começou a sentir suas calças subindo. Vendo que era mais uma das brincadeiras que Manoel gostava de fazer, foi tentando conter o riso e ficou com o rosto tão vermelho quanto um peru. Foi o suficiente para Manoel passar a chamá-lo de "Peru que Fala". De tão famoso, Silvio estendeu esse apelido também a seu grupo de artistas, que virou a Caravana do "Peru que Fala".

Com o passar do tempo e o fortalecimento da amizade, Silvio passou a ser tratado por Manoel como um filho. Dessa relação, além do Baú da Felicidade e do espaço no rádio, onde Silvio até podia anunciar seus shows de graça, viria também a sua grande chance na televisão.

Quando ainda morava no Rio, Silvio teve suas primeiras experiências diante das câmeras, como figurante em programas da Tupi. Em São Paulo, sua primeira aparição foi em 1956, durante um especial da TV Paulistano no qual Walter Foster apresentou Edith Piaf. A cantora francesa fazia uma curta temporada na capital paulista, de 27 de abril a 5 de maio. Silvio surgiu no intervalo como garoto-propaganda das lojas Clipper, participando, assim, de um programa que recebeu elogios, conforme publicou *O Estado de S. Paulo*, em

6 de maio daquele ano: "Não houve mudanças extravagantes de iluminação, não se pintaram cenários 'típicos' — enfim, nada se fez que pudesse distrair por um segundo a atenção do 'telespectador' da grande artista. Uma simples cortina, um foco de luz, e Edith Piaf ".

Em 1960, Silvio estreou, na mesma TV Paulista, seu primeiro programa: *Vamos Brincar de Forca*, patrocinado pela cerveja preta Mossoró, que logo se esgotaria no mercado, e pelas Casas Econômicas de Calçados, do deputado Carlos Kherlakian. Animado com o desempenho desse programa e interessado em reforçar a comunicação do Baú da Felicidade, quis ocupar mais um horário: o então inóspito meio-dia de domingo. Naquele tempo, o canal 5 só abria sua programação no meio da tarde. Manoel também havia se interessado por essa mesma faixa, mas cedeu à vontade do amigo.

Finalmente, pela TV Paulista, às 12 horas de 2 de junho de 1963, entrou no ar pela primeira vez o *Programa Silvio Santos*. "Prêmios, brincadeiras e melodias se reúnem nesse programa, que terá a duração de duas horas e meia", registrou a *Folha de S. Paulo* no dia da estreia.

Não demorou muito para o *Programa Silvio Santos* se revelar um sucesso de público. Quando comemorou seu primeiro ano no ar, já tinha o dobro do tamanho original e lotou o ginásio do Pacaembu em um especial realizado em 14 de junho de 1964. Nessa época, Silvio comandava cinco atrações: *Cuidado com a Buzina, Pra Ganhar é só Rodar, Pergunte e Dance* e *Tribunal de Sucessos*.

Ao longo dos anos 1960, Silvio compôs uma verdadeira maratona dominical, seguindo uma tendência que despontava na televisão latino-americana: programas de longuíssima duração, em que tudo cabe. Esse formato, chamado de ônibus ou contêiner, tem segmentos que funcionam como vagões de um trem conduzido pelo animador. O pioneiro foi o argentino Pipo Mancera, com seus

SILVIO SANTOS

Sabados Circulares de Mancera, lançado em 1962. Nesse mesmo ano, no Chile, Mario Kreutzberger, mais conhecido como Don Francisco, estreou *Sábados Gigantes*, depois renomeado para *Sábado Gigante*, que permaneceu 53 anos no ar. Silvio veio depois, seguido pelo venezuelano *Sábado Espetacular*, depois transformado em *Sábado Sensacional* e *Super Sábado Sensacional*, e os mexicanos *Sabados de la Fortuna* e *Domingos Espetaculares*, que originou *Siempre en Domingo*.

Em 1969, o *Programa Silvio Santos* começava às 11h30min e terminava por volta das dez da noite. Todo ao vivo. Para aguentar tamanha prova de resistência, apenas torradas e café com leite rapidamente engolidos na coxia. Depois, o apresentador acrescentou queijo e bife ao cardápio.

Não satisfeito, Silvio passou a animar programas também em outros dias da semana. Em 1964, aos sábados à tarde da TV Tupi de São Paulo, começou o *Festival da Casa Própria*. Quatro anos depois, nesse mesmo canal, lançou atrações noturnas, com destaque para aquela que considera ser sua maior criação: *Cidade Contra Cidade*. Essa gincana reunia desde provas físicas até testes de conhecimento, passando por números artísticos, concursos de beleza, ações comunitárias e exibições folclóricas. Com tantas atrações, o programa muitas vezes invadia a madrugada e, não raro, os telespectadores só conheciam o vencedor por volta das quatro horas da manhã. Mesmo assim, alcançava uma audiência tão grande que foi destaque na edição de setembro de 1969 da revista *Realidade*.

No domingo, 20 de julho, quando o homem botou o pé na Lua, a televisão estava lá, transmitindo diretamente e com uma imagem perfeita, apesar dos 400.000 quilômetros de distância. O índice de audiência foi a bom nível: 41,4% das pessoas que têm tevê estavam assistindo ao espetáculo, enquanto 20% dos aparelhos permaneciam apagados.

[...]

Enquanto isso, sem ir à Lua, Silvio Santos conseguiu em São Paulo uma audiência apenas 1% menor (40,4), na sexta-feira, com o programa *Cidade contra cidade*. E no domingo o IBOPE marcou 35,8 para o *Programa Silvio Santos*, que ficou com o segundo e terceiro lugares entre os programas de maior audiência, perdendo apenas para a transmissão da aventura da Apolo 11.

Outras atrações que o Homem do Baú apresentou em sua faixa nobre foram *Sinos de Belém*, na qual chegava a pôr a própria vida em perigo ao cumprir provas tão arriscadas quanto subir 15 andares em uma escada Magirus sem proteção, e *Silvio Santos Diferente*. Neste último, ele e seus jurados faziam de tudo um pouco: avaliavam piadas, debatiam assuntos de comportamento e até participavam de apresentações, como a do paranormal Oseso Monteiro, o Uri Geller brasileiro.

Entre tantas produções, as de domingo continuavam merecendo as maiores atenções. Silvio e sua equipe tomaram como marco histórico o tempo em que conseguiram superar em audiência o *Jovem Guarda*, programa que Roberto Carlos apresentava na Record e que foi tirado do ar em 1968.

Durante boa parte dos anos 1970, o *Programa Silvio Santos* manteve oito horas e meia de duração ao vivo, indo de 11h30min às 20 horas. Nessa década, passou a ser transmitido não apenas para

SILVIO SANTOS

São Paulo, mas para todo o país através da Rede Globo, que havia comprado a TV Paulista em meados dos anos 1960.

A partir de 1 de agosto de 1976, terminado o contrato com a Globo, Silvio passou a ter seu show dominical transmitido simultaneamente pela Rede Tupi; pela TV Record, da qual tinha assumido metade das ações; e pela TVS, que Silvio havia inaugurado cerca de três meses antes no Rio de Janeiro. Assim, configurou-se um caso raro na história da televisão: cariocas e paulistas podiam assistir ao *Programa Silvio Santos* em dois canais ao mesmo tempo!

Ainda em sua fase global, Silvio lançou dois quadros de cunho assistencialista que tiveram grande repercussão: *Rainha por um Dia* e *Boa Noite, Cinderela*. No primeiro, senhoras pobres tinham a chance de ver seus problemas resolvidos; no segundo, meninas simples podiam realizar seus sonhos pelas mãos de um príncipe encantado.

Desde que resolveu conversar com crianças diante das câmeras, Silvio Santos promoveu momentos surpreendentes. E um desses momentos aconteceu justamente durante um *Boa Noite, Cinderela*, quando o animador quis falar de dinheiro com uma bela menina chamada Alessandra.

— Você é pobre ou você é uma menina rica? — perguntou Silvio.

— Eu sou pobre — respondeu Alessandra.

— Não vem com essa conversa fiada que você é pobre — brincou Silvio —, você tem muito dinheiro! Me disseram que você tem um montão de dinheiro!

— Eu sou pobre, sim!

— Você é pobre. E você conhece alguém que é rico?

— Conheço, o senhor! — disse a menina, fazendo o auditório cair na gargalhada.

— Ah, eu? — respondeu Silvio rindo. É, eu fiquei rico, é verdade...

Alessandra seria escolhida a Cinderela daquele domingo, ganhando uma bicicleta e um crédito de 5 milhões de cruzeiros que sua mãe poderia gastar nas lojas do Baú da Felicidade.

Quando realizava atrações desse tipo, Silvio cultivava um pensamento que transmitia aos seus subordinados: "Se é pra mostrar pobreza, o final tem que ser feliz". Dentro dessa linha que ele próprio havia traçado, começou a apresentar, em 1984, o *Porta da Esperança*, que ficou mais de dez anos no ar e entregou quase 2 mil prêmios. Nele, pessoas de todas as idades assumiam uma tribuna e contavam seus desejos. Eram crianças que sonhavam ter um brinquedo, adultos que buscavam parentes desaparecidos, profissionais que precisavam de determinado equipamento para trabalhar e até gente que sonhava passar a noite em um motel ou comer maçã à sombra de uma macieira. Após ouvir seus relatos, Silvio dizia a frase que gerava expectativa no público: "Vamos abrir as portas da esperança". Ao som da música-tema do filme *Providence*, composta pelo húngaro Miklos Rozsa, revelava-se o sonho realizado ou o espaço vazio, o que criava expectativa para os programas seguintes. Muito disso era resultado do trabalho de Maria de Lourdes Fecuri, Lurdinha, que, como uma fada madrinha, corria atrás de parceiros que pudessem atender àqueles que escreviam para o programa. Por causa do *Porta da Esperança*, o SBT chegou a ser a empresa que mais recebia cartas no Brasil.

Outro tipo de sonho que o *Programa Silvio Santos* se propunha a realizar era o da fama. Desde o lançamento do *Cuidado com a Buzina*, anônimos mostravam o talento que pensavam ter, mas que, muitas vezes, não tinham. Cantores desafinados, por exemplo, eram garantia de gargalhadas do auditório. O espaço mais importante para esse tipo de atração foi, sem dúvida, o *Show de Calouros*, lançado em 1977. Um dos segredos desse formato era a composição do corpo de jurados, que misturava diferentes perfis. Havia os mal-humorados, como Aracy de Almeida e Pedro de Lara; as bonitas, como Flor e Sonia Lima; os críticos, como Décio Piccinini e Nelson Rubens; os galãs, como Antonio Fonzar e Wagner Montes; e os alegres, como Wilza Carla e Sérgio Mallandro. Para todos eles, Silvio Santos atuava como *escada*, ou seja, preparava a piada para que completassem. Aliás, o próprio Silvio foi alvo de muitas dessas brincadeiras, especialmente as de Sérgio Mallandro, que chegou a disparar ovos de galinha contra todos do programa. O *Show de Calouros* também incluiu vídeos curiosos sob o título *Isto é Incrível*, piadas contadas por Ary Toledo, paródias compostas e cantadas por Renato Barbosa e entrevistas na *Sala do Artista*.

Vários júris se formaram diante de Silvio Santos também em ocasiões especiais. Em 1970, ele começou a organizar o *Troféu Imprensa*, criado em 1958 pelo jornalista Plácido Manaia Nunes. Foi Silvio quem decidiu entregar aos premiados uma estatueta idêntica à do Oscar, feita na Vila das Mercês pela Piazza. Já em 1981, após a extinção da Rede Tupi, Silvio assumiu o comando do *Miss Brasil*, que permaneceu alguns anos no SBT. Chegou a fazer uma apresentação bilíngue, português e espanhol, na edição de 1985, quando trajou um terno azul cintilante idêntico ao usado na comemoração pelo casamento de sua filha nº 1, Cíntia.

Para Silvio, as viagens serviam como fonte inesgotável de ideias para novas atrações. Não foram poucos os jogos que ele apresentou após vê-los em uma feira de negócios ou no quarto de um hotel. Depois de passar pela cabeça de Silvio, *Card Sharks* virou o jogo *Corrida de Fórmula B*; *Family Feud* virou *Jogo das Famílias*; *He Said, She Said* virou a disputa de casais *Ele Disse, Ela Disse*; *Name that Tune* virou *Qual é a Música?*; *Queen for a Day* virou *Rainha por um Dia*;

Rischiatutto virou o programa de perguntas e respostas *Arrisca Tudo*; *The Dating Game* virou *Namoro na TV*; *The Price is Right* virou *O Preço Certo*; *Un, Dos, Tres... Responda Otra Vez* virou *Show de Prêmios*; *Wheel of Fortune* virou *Roletrando* e *Roda a Roda*; *Who Wants to Be a Millionaire?* virou *Show do Milhão.*

Em contrapartida, é interessante pontuar que o *Programa Silvio Santos* já foi copiado. No Peru, durante a primeira metade dos anos 1990, as tardes de domingo da Panamericana Televisión tinham o animador chileno Enrique Maluenda apresentando *El Baúl de la Felicidad*, com segmentos como *Carrera Maluca, El Sueño de la Casa Propria, La Felicidad toca Su Puerta, La Puerta de la Esperanza, Show de Premios* e *Torta en la Cara*, inspirado no *Passa ou Repassa*. O objetivo era divulgar *El Talonario Show*, versão peruana do carnê de mercadorias do Baú. O projeto não foi bem-sucedido e deu um enorme prejuízo para a emissora.

No Brasil, Silvio Santos sempre contou com dois fiéis escudeiros, personagens indispensáveis em todos os seus programas: Lombardi e Roque.

Luís Lombardi Neto era paulistano. Começou no rádio trabalhando na equipe esportiva da Rádio Bandeirantes, ao lado de Fiori Gigliotti. Mais tarde, foi contratado pela TV Paulista, onde Silvio o conheceu. O apresentador precisava de um locutor comercial para o seu programa de TV e vinha realizando testes. Lombardi foi o sétimo a ser testado ao vivo, no palco. Antes de o programa entrar no ar, Silvio foi direto:

— Se você me agradar, eu te contrato. Se você não for aquilo que eu espero, a nossa amizade continua sendo a mesma coisa, não muda nada.

Quando Lombardi abriu a boca pela primeira vez, o animador

gostou do que ouviu e fez um sinal de positivo para Luciano Callegari, que, na época, era um dos produtores. Nasceu assim uma parceria tão longa quanto misteriosa, afinal, Silvio proibia que seu locutor fosse filmado ou que uma foto sua saísse em jornais ou revistas. Apenas quem ia ao auditório tinha alguma chance de vê-lo, pois ele ficava em pé, à esquerda de Silvio Santos, de costas para a plateia.

Lombardi faleceu em 2 de dezembro de 2009. Silvio foi informado do ocorrido enquanto gravava. Mesmo abalado, decidiu prosseguir. De acordo com nota divulgada na época pela assessoria de comunicação do SBT, fez isso "em homenagem ao Lombardi e em respeito às 250 mulheres da plateia que aguardavam a realização do programa".

Gonçalo Roque nasceu em Boa Esperança do Sul, São Paulo. Silvio o conheceu quando ainda trabalhava na Rádio Nacional, em meados dos anos 1950. Roque acumulava as funções de *office boy* e porteiro. Logo começou a ser responsável também por organizar o público nos programas de auditório da Nacional, como o de Manoel de Nóbrega, e da TV Paulista. Nos anos seguintes, trabalhou com diversos apresentadores, incluindo Silvio, que o chamou para ser exclusivo do então nascente SBT.

A missão de Roque era encher as plateias e zelar pelas colegas de trabalho. Era o modo como Silvio tratava as mulheres que formavam o seu auditório, que, por determinação do patrão, não podia ter homens.

— Homem em auditório não aplaude ninguém. Se ele tá com a namorada ou com a mulher e entra um cara bonitão, quando ela vai gritar, já dá um beliscão nela. E, pode ser quem for, é difícil você ver um homem levantar pra aplaudir — explicou Roque em uma entrevista para Danilo Gentili, exibida em 14 de julho de 2016.

O auditório mais feminino do Brasil já passou por alguns endereços. Os principais foram o Teatro Globo, na Praça Marechal

Deodoro, 340, centro de São Paulo; o teatro Manoel de Nóbrega, antigo Cine Astral, na Rua Cotoxó, 1.021, zona oeste de São Paulo, inaugurado em 1976 e consumido pelo fogo em 1978; e o teatro Silvio Santos, antigo Cine Sol, na Avenida General Ataliba Leonel, 1.772, zona norte da capital paulista, onde permaneceu por quase 20 anos. O *Programa Silvio Santos* só se transferiu para o Centro de Televisão da Anhanguera, em Osasco, município da Grande São Paulo, em 1997.

Os milhares de horas de gravação, somados às atividades de empresário, consumiram parte da saúde de Silvio. Nos anos 1980, enfrentou problemas no coração, no joelho, na próstata, no olho e na garganta. Chegou a abandonar uma gravação por não ter mais voz para continuar. Diante disso, pensou em abrir mão da sua carreira artística quando completasse 60 anos de idade para dedicar-se ao SBT, às outras empresas e, como dizia, à comunidade. Com esse objetivo, decidiu, em 1988, dividir parte da sua programação dominical com Gugu Liberato, que trouxe de volta da Globo.

Com o tempo, a saúde de Silvio melhorou e o SBT precisava dele, dentro e fora dos palcos. O Brasil e o Grupo Silvio Santos estavam em crise. Ele, então, resolveu abortar seu plano de aposentadoria e seguir com a carreira de apresentador de TV.

Durante os anos 1990, manteve Gugu com parte dos domingos do SBT, especialmente após estrear, em 17 de janeiro de 1993, o *Domingo Legal*. Em 18 de maio de 1997, incluiu Celso Portiolli, com o *Tempo de Alegria*. Com essas medidas, Silvio reduziu ainda mais a sua presença no vídeo. Novamente pensou em se aposentar. E novamente acabou desistindo da ideia.

O dono do SBT ainda teria muito trabalho pela frente. Em 1991, lançou o *Topa Tudo por Dinheiro*, que frequentemente liderava a audiência e ficou conhecido nos bastidores como "o recreio de Silvio

SILVIO SANTOS

Santos". Câmeras escondidas com Ivo Holanda, Ruth Romcy, Gibe, Fernando Benini e outros atores eram intercaladas com brincadeiras na plateia e no palco.

Uma dessas brincadeiras envolvia um tanque cheio de água. Em cima dele, era colocada uma tábua. Os participantes deveriam se sentar nessa tábua e abrir um envelope que tinham em mãos. Se esse envelope contivesse a palavra "prêmio", ganhavam o dinheiro e saíam secos; se contivesse a palavra "água", a tábua virava e mergulhavam no tanque. Na edição do *Topa Tudo por Dinheiro* levada ao ar em 16 de agosto de 1992, Silvio resolveu testar a estabilidade da tal tábua e sentou-se nela. Brincando, ameaçou demitir toda a equipe da fábrica de cenários caso a tábua não aguentasse. Ao tentar sair, ele se desequilibrou e caiu na água. Com roupa e tudo! O microfone parou de funcionar e o penteado construído por Jassa se desmanchou. As risadas não paravam. Não lhe restou alternativa a não ser encerrar o programa.

Outro sucesso dessa época foi *Em Nome do Amor*, no qual Silvio reuniu diferentes atrações de relacionamento que já havia feito, como *Perdoa-me* e *Quer Namorar Comigo?*. Também incluiu entrevistas com artistas, como a que fez com Roberto Carlos em 1997. Ele compareceu para receber três estatuetas do Troféu Imprensa e rever com Silvio uma edição do programa *Quem tem Medo da Verdade?*, da Record, na qual o apresentador fez as vezes de advogado de defesa do cantor.

O acontecimento que mais emocionou Silvio diante das câmeras foi o lançamento do primeiro *Teleton*. Esse formato, iniciado pelo ator Jerry Lewis e trazido para a América Latina por Don Francisco, compreende uma maratona televisiva que visa arrecadar fundos para uma entidade assistencial. No Brasil, a instituição beneficiada é a AACD, que atende pessoas com deficiência. O contato entre Silvio e a associação foi feito por Hebe Camargo, que se tornou madrinha da campanha.

Às 21 horas de 16 de maio de 1998, um sábado, o dono do SBT entrou no palco e fez um discurso apresentando a meta que precisaria ser alcançada.

— O Chile, com 13 milhões de habitantes, alcançou 13 milhões de dólares. O México, com 80 milhões de habitantes, conseguiu, há quatro ou cinco meses, 25 milhões de dólares. Nós queremos 9 milhões de reais, cerca de US$ 8 milhões.

Fez também duas promessas: a primeira, de que em um ano, mostraria um hospital construído com o dinheiro doado; a segunda, de que, se a iniciativa desse certo, seria repetida anualmente. Silvio cumpriu as duas. Naquele ano, foram arrecadados mais de R$ 14 milhões. Por outro lado, ele não conseguiu unir todos os canais de televisão em torno da transmissão em cadeia do *Teleton*. Silvio sonhava formar a Rede da Amizade, inspirada na *Love Network*, de Jerry Lewis, e, principalmente, no exemplo chileno, que envolve também emissoras de rádio, meios impressos e portais de internet.

Para o artista Silvio Santos, o início dos anos 2000 foi marcado por dois dos seus maiores sucessos: o programa de perguntas e respostas *Show do Milhão*, lançado em 1999 como *Jogo do Milhão*, e a primeira edição do *Casa dos Artistas*.

Conforme Arlindo Silva registrou na primeira edição do livro *A Fantástica História de Silvio Santos*, o SBT lançou "em princípios de 2001" um *reality show* "na mesma linha do programa *No Limite*, com a diferença de que as pessoas não exibem seu cotidiano numa praia, mas em uma casa". Isso foi feito em parceria com a Endemol, empresa holandesa dona da franquia *Big Brother*. Esse negócio não foi adiante e logo a Endemol formou uma *joint venture* com a Globo. Mas a ideia de fazer um *reality* dentro de uma mansão permaneceu com Silvio, que incluiu um elemento novo ao formato: participantes famosos em vez de anônimos. A semelhança entre os dois programas gerou uma batalha judicial de 14 anos da qual o SBT saiu derrotado.

A *Casa dos Artistas* nasceu sob forte sigilo. Poucos executivos do SBT sabiam do projeto, que demandou a reforma, ao custo de R$ 1,5 milhão, de uma casa vizinha à residência de Silvio, no bairro do Morumbi. Chamadas de lançamento? Apenas no dia da estreia, 28 de outubro de 2001.

Ao longo das semanas que se seguiram, os brasileiros foram seduzidos pela dinâmica da atração, que era constantemente alterada por Silvio. O primeiro grupo de participantes incluiu figuras como Alexandre Frota, que agia como uma espécie de vilão, e Supla e Bárbara Paz, que tiveram um romance na casa.

O último episódio, transmitido em 16 de dezembro de 2001, foi impactante. Ao saber que tinha ganhado o prêmio máximo de 300 mil reais, Bárbara chorou copiosamente. Silvio também se emocionou e não conteve as lágrimas. Tinha consciência de que protagonizava um momento único na televisão. Naquela noite, o SBT registrou a maior audiência da sua história: média de 47 pontos, com pico de 55. Silvio ainda fez mais três edições da *Casa dos Artistas*, mas nenhuma delas alcançou o sucesso da primeira.

Depois de anos comandando uma sequência de programas, principalmente *game shows*, em 2008 Silvio decidiu mudar: relançou o *Programa Silvio Santos*, unindo, em um único cenário, atrações que comandou ao longo da carreira, incluindo as câmeras escondidas. Criou uma rotina de gravações um dia sim, um dia não, interrompida apenas quando vai para Orlando, onde tem casa. Nessa fase, o apresentador octogenário revelou ser dono de uma fala ácida e desenfreada. Um dos pontos altos foram as conversas cheias de ironia que Silvio travava com Maísa Silva, que começou a participar do programa com seis anos de idade. Ele protagonizou momentos surreais, como quando ficou apenas de cueca após suas calças caírem ou quando ameaçou fazer um *striptease*, felizmente interrompido pela sobrinha Dory Abravanel. Outro destaque foi o *Jogo dos Pontinhos*, resgatado do antigo *Hot hot hot*, que apresentava nos anos 1990.

Além da televisão, Silvio manteve outras frentes de atuação artística. Continuou no rádio até o início dos anos 1980 com um programa de segunda a sexta, às 9 horas da manhã, primeiro na Nacional, depois na Record. Nele, entremeava músicas gravadas com conversas por telefone com as ouvintes, adaptações de quadros que animava na televisão e fofocas contadas pela produtora Lucimara Parisi, que interpretava Candinha, e, depois, por Nelson Rubens. Emprestou seu nome para colunas publicadas na revista *Amiga*, no *Jornal do Brasil* e para vários produtos: desde jogo de tabuleiro do *Só Compra Quem Tem* até CD-ROM do *Show do Milhão*. Gravou dezenas de marchinhas de Carnaval, a maioria composta pelo casal Manoel Ferreira e Ruth Amaral. Seus maiores sucessos, tocados à exaustão pelo SBT, foram *Transplante de Corinthiano* — Doutor, eu não me engano,/Meu coração é corinthiano! —, gravada em 1968; e *A Pipa do Vovô* — A pipa do vovô não sobe mais/Apesar de fazer muita força,/o vovô foi passado pra trás! —, de 1987.

Este é um breve resumo de mais de 70 anos de carreira artística de Silvio Santos. De locutor despretensioso, transformou-se em ícone da televisão. Já comandou mais de uma centena de programas com formatos diferentes. Especializou-se em permanecer longas horas no ar. Em termos quantitativos, não há quem se compare a ele. Construiu um método muito próprio de comunicação, unindo o improviso do rádio, a presença de palco do circo, a prática dos comícios e a tecnologia da televisão. E esse método repercute em cada detalhe, desde o enquadramento das câmeras até o figurino das bailarinas. Mesmo de olhos fechados, apenas ouvindo o ritmo das palmas, é possível reconhecer uma plateia de Silvio Santos. Ele consegue prender o público mesmo quando a atração é uma freguesa que veio buscar um cheque da Tele Sena. É apresentador, produtor e patrocinador de seus próprios programas. E, desses programas, fez nascer uma das maiores redes de TV aberta da América Latina. Nenhum outro artista foi tão longe. Nem no Brasil, nem em qualquer outro lugar do mundo.

Senor Abravanel criou Silvio Santos. E Silvio Santos criou um tempo-espaço próprio, onde o povo é feliz. Afinal, se "*do mundo não se leva nada, vamos sorrir e cantar*".

FERNANDO MORGADO

— POR ELE MESMO —

O começo da carreira

Foi o Renato Meira Lima, chefe de fiscalização da Prefeitura do Rio, hoje já falecido, quem veio me dizer que eu estava perdendo meu tempo e talento. Deu-me uma carta de apresentação para o senhor Jorge Mattos, que era dono da Rádio Guanabara.
— Contando como trocou a atividade de camelô pelo rádio.
Revista do Rádio, 20 de agosto de 1960

Ganhei um concurso para locutores com 400 concorrentes.
— Lembrando sua entrada na Rádio Guanabara.
Horário Político, 1989

Eu gostava muito do César de Alencar. Ele sempre foi um homem que eu admirava, porque quando eu chegava à escola – eu estava no ginásio naquele tempo – as moças, na 2ª feira, só falavam no César de Alencar.
— Depoimento para o livro *A Vida Espetacular de Silvio Santos*, de Arlindo Silva (L. Oren, 1972)

Com a vivência que mantive, então, com locutores, artistas, animadores, diretores da Rádio Mauá, passei a encarar a profissão

SILVIO SANTOS

de radialista sob outro aspecto, o da seriedade e o da nobreza.
— Depoimento para o livro *A Vida Espetacular de Silvio Santos*, de Arlindo Silva (L. Oren, 1972)

Quando eu entrava em cena, como cowboy, os bandidos ficavam do meu lado, pra me pegar. E a plateia gritava: "Jerônimo, eles estão do seu lado!".
— Relembrando a *Caravana do Peru que Fala*. Museu da Imagem e do Som de São Paulo, 12 de dezembro de 2016

Quando eu era garoto, já se ouvia falar em televisão, mas eu não sabia direito o que era. O tempo foi passando, exigindo de mim tudo o que podia dar, e eu vim parar na televisão.
— *O Cruzeiro*, 5 de maio de 1971

Manoel de Nóbrega

Diga na Revista do Rádio que agradeço muito a ajuda que tenho recebido de Manoel de Nóbrega. Ele tem me incentivado sempre. Um grande amigo, um companheiro dos melhores.
— *Revista do Rádio*, 17 de maio de 1958

Eu era locutor em Niterói e o Fernando, irmão do [Manoel de] Nóbrega, trabalhava como locutor junto comigo. Eu disse a ele que iria a São

Paulo. "Ah! Então, quando for a São Paulo, você procura o meu irmão, o Manoel, porque ele é mais conhecido que moeda de 400 réis!".

— SBT, 7 de maio de 1987

Eu tinha uma carta [de recomendação] para entregar ao Manoel de Nóbrega, mas eu não quis entregar a carta porque, coincidentemente, se realizava na Rádio Nacional um teste para locutores. A Rádio Nacional precisava de um locutor porque o que estava trabalhando ia se casar e se mudar para Caxambu. Então eu fiz o teste e, depois de serem testados 40 ou 50 candidatos de São Paulo, consegui um contrato de três meses. Depois eu contei isso ao Nóbrega. Alguns colegas meus se reuniram na técnica e assistiram ao meu teste, e alguns até disseram: "É... Pode ser que o garoto vá bem...".

— TVS, 22 de dezembro de 1975

Nós fizemos um bom relacionamento, principalmente, depois que eu passei a atuar no programa dele, porque antes eu quase não via o [Manoel de] Nóbrega. Como eu não tinha nenhum parente em São Paulo, eu estava sozinho, com 24 anos, o Nóbrega passou a ser o meu pai. Eu ia pra casa dele, frequentava a família, me dava muito bem com o Carlos Alberto... Nós éramos bons amigos.

— Documentário *Manoel de Nóbrega: uma História*, exibido pelo SBT em 22 de maio de 2004

O Manoel de Nóbrega deu-me este apelido porque eu ficava vermelho com as brincadeiras que ele fazia comigo no programa.

SILVIO SANTOS

— Explicando como recebeu o apelido de Peru que Fala.
Revista do Rádio, 20 de agosto de 1960

Nós éramos muito unidos, eu, Carlos Alberto [de Nóbrega] e [Ronald] Golias. Sabíamos tudo o que acontecia conosco.
— Documentário *Manoel de Nóbrega: uma História*, exibido
pelo SBT em 22 de maio de 2004

Eu fiz a Caravana do Peru que Fala e o Manoel [de Nóbrega] falou comigo: "Pode fazer os textos no meu programa de graça!". E ele tinha a própria caravana, eu era concorrente dele!
— SBT, 7 de maio de 1987

Eu considerava o Manoel de Nóbrega como meu pai.
— SBT, 7 de maio de 1987

O dia 24 de abril [de 1987] foi o dia mais feliz da minha vida.
— Foi quando leu pela primeira vez um depoimento que
Manoel de Nóbrega havia gravado sobre ele, em 3 de outubro
de 1974. SBT, 7 de maio de 1987

Realmente lamento que o Nóbrega tenha falecido prematuramente, porque ele era um excelente companheiro e eu o tinha como meu pai em São Paulo. Pena que, infelizmente, isso foi interrompido por força das circunstâncias.

— Documentário *Manoel de Nóbrega: uma História,* exibido
pelo SBT em 22 de maio de 2004

Os programas de TV

Meu primeiro programa na TV foi Vamos Brincar de Forca, patrocinado pela cerveja Mossoró e pelas Casas Econômicas, do Carlos Kherlakian. Comecei a fazer depois um programa de entrevistas com o Celso Teixeira, Henrique Lobo e posteriormente Décio Piccinini.

— Depoimento para o livro *50 Anos de TV no Brasil,*
organizado por J. B. de Oliveira Sobrinho, Boni
(Editora Globo, 2000)

Não afirmo que consigo apenas distrair, porque distração é passatempo, e nos meus programas o objetivo não é só fazer passar o tempo, mas inserir os telespectadores no contexto de emoções e conhecimentos que, de uma forma ou de outra, deixarão neles lembranças agradáveis, para serem relembradas ou discutidas durante a semana seguinte.

— *O Cruzeiro,* 5 de maio de 1971

Meu programa no Canal 4 [Tupi de São Paulo] começa às nove da noite, termina às três da manhã. O de domingo no Canal 5 [Globo de São Paulo] começa às onze e meia ou meio-dia e vai até as nove e meia, dez horas da noite. Não há tempo pra se comer sanduíche, tomar refrigerante, mudar cenário, preparar artista, nada.

— *A Crítica*, 1969

Eu gosto mais dos desafios. Meus programas, por exemplo, têm dez, 13 anos, eu faço com satisfação, mas, mesmo quando um programa está dando certo, troco e coloco outro. Satisfaz a mim. Eu gosto mais de coisas novas, de desafios.

— *O Estado de S. Paulo*, 7 de janeiro de 1990

Para que me preocupar com o que vou fazer amanhã, se não sei o que o povo vai querer? Essa tem sido minha luta semanal, nestes 22 anos, com um único domingo fora do ar, quando morreu minha primeira mulher. Baixou a audiência, modifico. Pronto.

— A primeira esposa de Silvio foi
Aparecida Honoria Vieira, Cidinha, falecida em 1977.
Olho Mágico, 1 de janeiro de 1980

Entre os muitos quadros que apresentei, penso que minha maior criação foi o Cidade Contra Cidade, que, segundo me dizem, foi copiado no mundo inteiro. O Cidade Contra Cidade começava às 10 horas da noite e ia até as 4 horas da madrugada.

— Depoimento para o livro *50 anos de TV no Brasil*,
organizado por J. B. de Oliveira Sobrinho,
Boni (Editora Globo, 2000)

O Topa Tudo por Dinheiro agrada pela espontaneidade. Quando me empenho, dá certo.

— O Estado de S. Paulo, 7 de janeiro de 1990

O brasileiro não é ambicioso, quer se divertir. Ele corre quando quero apostar mais.

— Falando sobre o *Topa Tudo por Dinheiro.*
O Estado de S. Paulo, 28 de outubro de 1991

Tá vivo, tá vivo, tá vivo, já morreu, já morreu, tá vivo, tá vivo, tá vivo.

— Vendo fotos de jurados do *Show de Calouros* na exposição
"Silvio Santos Vem Aí". Museu da Imagem e do Som de São Paulo,
12 de dezembro de 2016

De vez em quando eu roubo uma ideia do Chacrinha, no que não vejo mal algum. Mesmo porque ele também rouba de mim.

— Intervalo, 1969

Eu dizia: "Manoel, vou aos Estados Unidos. Será que dá pra você me arrumar uma carta para ir na ABC, na NBC, na CBS?". Ele ia no consulado americano, arrumava as cartas e eu entrava nas televisões americanas, via os programas de jogos, como é que faziam, a televisão por dentro, o cenário... Isso há 13 anos!

— SBT, 7 de maio de 1987

O formato que exibimos é diferente. É o único no mundo que tem as opções de arrisca tudo, cartas, placas e universitários.

— Comparando a dinâmica do *Show do Milhão* com as versões que existem pelo mundo do programa *Who Wants to be a Millionaire?*. *IstoÉ*, 11 de abril de 2001

Dizem que o programa tem audiência porque os fregueses do Baú da Felicidade é que assistem, interessados nos prêmios. Isso é a maior besteira que se pode pensar e dizer. Se o programa não for bom, não há premiado ou candidato a premiado que assista.

— *A Crítica*, 1969

A simples distribuição de prêmios não resulta em audiência, da mesma forma que o Ibope não vai registrar a audiência para o programa que apenas tentar melhorar a cultura do telespectador. Isto e outras coisas mais fazem o espetáculo.

— *O Cruzeiro*, 5 de maio de 1971

O acontecimento que mais me emocionou em todos estes anos de programas foi o lançamento do Teleton. Não queria que o Teleton fosse um evento do SBT, eu queria, como acontece em outros países, que todas as emissoras entrassem juntas, formando a Rede da Amizade, mas, por mais que eu me esforçasse... Isso, por enquanto, não foi possível. Ainda não conseguimos formar a Rede da Amizade.

— Depoimento para o livro *50 anos de TV no Brasil*, organizado por J. B. de Oliveira Sobrinho, Boni (Editora Globo, 2000)

O nosso povo às vezes não faz mais porque desconfia. Ele acha que mais uma vez será enganado. Ele acha que poderá ser mais uma promessa que não será cumprida. Não é o nosso caso. Nós queremos fazer funcionar em um ano este hospital e vamos fazer. Vocês vão acompanhar o trabalho da construção e vão vê-lo funcionando em maio do ano que vem.

> — Abertura da primeira edição do *Teleton* brasileiro. Em 14 de maio de 1999, foi inaugurada a nova unidade da AACD em Recife, Pernambuco. SBT, 16 de maio de 1998

O estilo Silvio Santos de comunicar

Eu sou o mensageiro da alegria.

> — SBT, s/d

Aos domingos, eu sou uma criança. Uma criança que brinca e que se diverte como todas as crianças. Aos domingos, eu procuro entrar nas casas dos brasileiros com o meu lado infantil.

> — SBT, 6 de dezembro de 1987

Comandar um programa com auditório para mim é muito fácil.

> — *Veja*, 28 de maio de 1975

Sinto-me mais à vontade diante de uma plateia de dez pessoas ou 100 mil do que socialmente. Daí a razão de muita gente achar que

SILVIO SANTOS

Silvio Santos é orgulhoso, mascarado. Mas não é. É timidez mesmo.
— *O Estado de S. Paulo*, 7 de janeiro de 1990

Então aquele bate-papo que o Heber de Boscoli tinha com o auditório é praticamente o bate-papo que hoje eu tenho com o auditório e aquela maneira como o Cesar de Alencar falava é praticamente a maneira como eu falo hoje.
— Depoimento para o livro *A Vida Espetacular de Silvio Santos*, de Arlindo Silva (L. Oren, 1972)

Nos meus programas, eu gosto de entrar em cena sem saber o que vou fazer. Assim eu tenho as emoções que o espectador tem.
— SBT, 1 de março de 2001

No meu programa há uma parte com perguntas e respostas. Se em dez perguntas o telespectador não conseguir responder pelo menos seis, ele vira o botão, vai ver outra coisa, diz que o programa está ruim. Mas se ele responde as dez, fica bem com a mulher, com os filhos, com ele mesmo, e fica satisfeito comigo, com o programa, dá audiência, entende?
— *Realidade*, setembro de 1969

Eu jogo [o Show do Milhão] com o candidato. Não sei as respostas e muitas vezes fico na dúvida, pois se não fosse assim eu seria um ator.
— *IstoÉ*, 11 de abril de 2001

Então como é que se pode fazer um programa com dez horas de duração, num único palco, sem ensaio, sem tempo pra mudar cenário, sem esquema de iluminação? Não dá pra fazer televisão pensando em termos artísticos.

— *A Crítica*, 1969

Basta não temer o auditório. Se tivermos medo, ele nos engole. E sorrir, sorrir sempre, com este pormenor – meu sorriso é espontâneo, não escondo mágoas detrás dele. Afinal, todos os problemas têm solução. Menos a morte.

— *Intervalo*, 1969

Você está vendo aquele televisor colocado lá no meio do auditório? Ele está ali porque eu estou me exercitando em falar olhando para a minha imagem, abstraindo por alguns momentos a presença de pessoas à minha frente.

— *Veja*, 28 de maio de 1975

Eu preciso economizar minha voz, ela não foi feita para ser desperdiçada, por isso exijo microfones super-regulados e sensíveis.

— *Veja*, 28 de maio de 1975

Com bom som, trabalho vinte horas seguidas. Caso contrário, canso-me em uma hora.

— *Intervalo*, 1969

Nenhum de nós fala bem ou fala mal. Todos nós falamos muito bem quando falamos aquilo que sentimos, aquilo que não sai da nossa garganta, e sim do nosso coração.

— SBT, 21 de agosto de 2011

Os meus colegas de rádio e televisão às vezes querem que eu dê entrevista, que eu vá aos programas deles, e não vou. Eu me sinto como o Roberto Carlos. Tenho esse direito! O Roberto só faz o programa dele na Globo. O Francisco Cuoco, o Tarcísio Meira e outros artistas também. Eu acho que, como animador, devo fazer só o meu programa, e olha que eu fico aquelas horas todas no vídeo e já tem gente dizendo: "Mas Silvio Santos, será que você não se manca?".

— SBT, 7 de maio de 1987

Se eu fizesse programa mais bacana, melhor vestido, eu não teria a comunicação que tenho com o público.

— *A Crítica*, 1969

Um artista que é empresário ou um empresário que é artista?

Na televisão eu pago orquestra, pago artista, pago horário, pago tudo. Só na Rádio Nacional é que eu ganho ordenado de apresentador de um programa diário. Seiscentos cruzeiros novos. Eu sou um cliente da televisão e não um artista.

— *A Crítica*, 1969

Quando coloco paletó, gravata e aquela bolinha, eu sou o animador. Aí minha mulher fala que baixa o santo em mim!

— SBT, 7 de maio de 1987

Eu não sou artista, sou só animador e em meu programa não há nenhuma intenção de fazer arte. O povo quer alegria, entretenimento e eu, sabendo disso, faço programa de rádio televisado.

— *A Crítica*, 1969

Silvio é um programa – que não muda – porque o Silvio adora o que faz no palco. Para o Silvio, animar é hobby. Eu prefiro, pessoalmente, ser animador.

— *Afinal*, 3 de novembro de 1987

Comunicando-me com milhões de brasileiros toda semana, através da TV, e diariamente, através do rádio, estou consciente de que me transformo em traço de união entre a essência da TV, aquilo que ela promete ou oferece, e uma parcela importante da população brasileira, importante sociológica e economicamente. Esta parcela do povo consome e poupa, é elemento dinâmico da economia. E, por meu intermédio, são veiculadas para ela mensagens publicitárias que fazem comprar ou poupar, e também uma série de estímulos que provocam o desenvolvimento de todas essas pessoas, naquilo que está sendo comunicado.

— *O Cruzeiro*, 5 de maio de 1971

SILVIO SANTOS

Eu não sou um homem de televisão. Só estou nela por ser um bom negócio. Um ótimo negócio pra mim.

— *A Crítica*, 1969

Sou amigo do dono da estação. Eu falei com ele, que me disse: "Olha, você vai lá, interrompe o programa e acaba a hora que você quiser! Não tem comercial!".

— Brincando ao entrar na gravação da primeira *A Praça é Nossa* para homenagear Manoel e Carlos Alberto de Nóbrega. Silvio falou por cerca de uma hora, sem intervalo. SBT, 7 de maio de 1987

Eu acho formidável fazer programa de televisão, mas faço e farei enquanto isso der resultado financeiro.

— *A Crítica*, 1969

Se no começo, meus amigos, eu não tinha nada planejado, hoje a vida me ensinou a planificar, a separar as coisas. Sei separar as minhas responsabilidades de animador de programas com as de empresário de televisão.

— TVS, 22 de dezembro de 1975

Os programas do animador Silvio Santos serão do canal 11 enquanto forem úteis ao empresário Silvio Santos. Uma coisa posso garantir: em nenhum momento o empresário Silvio Santos vai deixar-se vencer pela sensibilidade do artista Silvio Santos.

— *Amiga*, 12 de novembro 1975

Eu não sou muito fã desse negócio de sair em jornal, em revista. Mas... Eu acho que quem deveria ter essas homenagens são médicos, são cientistas. Eles fazem alguma coisa pela humanidade. E alguns artistas que dançam, cantam. Mas apresentador de televisão? Nós não fazemos nada. Nós vendemos bugiganga! Ri-ri.

— *Folha de S. Paulo,* 23 de junho de 2013

Fama

Dizem que eu sou o maior animador do país. Isso não é verdade. O carinho, o sacrifício que vocês dedicam a mim é que vale. Vocês são admiráveis, sensacionais, com vocês é fácil fazer programa líder. Durante minha ausência, meu irmão Léo Santos comandou o programa com o mesmo sucesso. Vocês prestigiaram meu irmão como prestigiam semanalmente a mim, porque vocês são bárbaras, sensacionais, ilustres. Eu gostaria de poder retribuir de alguma forma, porque não mereço.

— Conversa com as suas colegas de trabalho, antes de começar mais uma edição do seu programa dominical.
A Crítica, 1969

A TV é a minha paixão. Não as máquinas que transmitem. Não o equipamento cheio de luzinhas. Não os panelões, queimando em cima da gente. A paixão a que me refiro é aquilo que me conduz ao povo, que me faz interpretar o que deseja, embora eu não tenha sido eleito – não sou político. E ninguém abandona aquilo de que gosta.

— *O Cruzeiro,* 5 de maio de 1971

SILVIO SANTOS

Muito obrigado! Não tenho palavras. Realmente, estou muito emocionado. Hoje é um dos dias mais felizes da minha vida.

— Em pé, em um Mustang vermelho conversível, acenando para a multidão na parada do Dia da Criança. SBT, 12 de outubro de 1987.

No circo, quando estava terminando o espetáculo, os artistas todos se escondiam, iam para os carros, se fechavam... Eu não. Eu ia para a porta do circo, passava no meio do pessoal, batia papo, apertava a mão, brincavam comigo, eu dava autógrafo, aí pegava o meu carro e ia embora. Há muitos anos que eu não fazia isso. O pessoal achava que não podia, "você é empresário, tem que almoçar com os ministros, tem que jantar com o presidente, não pode mais ser palhaço". Acabou esse negócio! Eu fui na parada [do Dia da Criança] e foi uma emoção muito grande.

— SBT, 18 de outubro de 1987

Eu que fiz uma parada em São Paulo com os meus colegas do SBT e nós tivemos, aproximadamente, 2 milhões e 500 mil pessoas! Pelo menos foi o que disseram na época.

— SBT, 1 de março de 2001

Enfim, chegou o dia de me apresentar para os meus conterrâneos, os cariocas, que eu gosto tanto e que, tenho a impressão, também gostam de mim, pois tudo o que eu faço, também faço pensando na rua do

Senado, na Lapa, no Catete, enfim, nos locais do Rio onde eu me criei.

— Antes de desfilar no Sambódromo pela escola de samba Tradição. SBT, 1 de março de 2001

A música foi de uma felicidade enorme. Vale 60% do que vai acontecer hoje.

— Sobre o samba-enredo *"Hoje é domingo, é alegria, vamos sorrir e cantar!"*, da Tradição. SBT, 1 de março de 2001

Eu me surpreendo com a minha popularidade.

— SBT, 21 de agosto de 2011

Eu chorei porque eu vi que o povo me dá amor, me dá carinho, tem admiração por mim, se preocupa com a minha saúde.

— Revelando o que aconteceu durante a sua viagem para Boston, Estados Unidos, onde tratou da saúde. SBT, 21 de fevereiro de 1988

Como apresentador, não é porque sou dono que vou me impor e fazer o público me aceitar. Se eu tiver, como tenho hoje, muita vontade de ser apresentador de televisão, eu arranjo um programa pra mim às 3 horas da madrugada, só pra me divertir.

— Depoimento para o livro *50 anos de TV no Brasil*, organizado por J. B. de Oliveira Sobrinho, Boni (Editora Globo, 2000)

SILVIO SANTOS

As moças do auditório acham ridículo e até humilhante bater palmas para um homem que vai chegar em casa e vai se beijar e se abraçar com outra.

— *A Crítica*, 1969

Descobri que o povo tem mais carinho por mim do que a minha mulher, as minhas filhas, os meus amigos.

— *Jornal do Brasil*, 14 de fevereiro de 1988

De segunda a segunda, porque eu não tenho folga, eu me dou ao povo. É claro que, de segunda a segunda, eu recebo do povo.

— SBT, 21 de fevereiro de 1988

Eu faço sucesso porque vai ver que no Brasil há carência de animadores de TV no meu estilo. Ou vai ver que eles não são profissionais como eu sou. Ou é a minha imagem sorridente. Sei lá.

— *A Crítica*, 1969

Eu não nasci dono de televisão, nasci animador de programas. Sou um homem vaidoso pela minha condição de animador, mas não quero ser um homem poderoso.

— SBT, 21 de fevereiro de 1988

Por que eu não dou entrevista, não concordo com livro sobre mim, com filme? Se nenhum advogado, nenhum médico ou professor é cercado de todas essas... é... regalias, eu também não devo ser.

— *Folha de S. Paulo*, 23 de junho de 2013

Eu pensei que se nós tivéssemos de fazer uma capa para a revista seríamos eu, Roberto Carlos, Pelé e Lula. Não é só popularidade. O povo gosta de mim, gosta do Roberto, gosta do Pelé e gosta do Lula, independente do que nós façamos.

— *Veja São Paulo*, 7 de fevereiro de 2014

Acabei de chegar de avião. Estávamos eu, o Gugu, o Raul Gil e o Faustão vindo de São Paulo. Houve um problema, então o Gugu, o Raul Gil e o Faustão saltaram de paraquedas, mas não se deram bem. Quando chegou a minha vez, eu disse: "É você, Lombardi!".

— Contando piada ao chegar no Rio de Janeiro para desfilar no Sambódromo. SBT, 1 de março de 2001

Relação com a crítica

Eu só queria saber por que a imprensa pega tanto no meu pé.

— *O Estado de S. Paulo*, 17 de agosto de 1983

É preciso acabar com o preconceito ao Silvio Santos.

— *Afinal*, 3 de novembro de 1987

SILVIO SANTOS

Eu ofereço um campo de manobras para os sociólogos e pesquisadores de comunicação de massa. E acompanho atentamente o desenrolar dos ensaios que se verificam. Pessoalmente, estou muito interessado em promover todas as linhas de força que levam ao desenvolvimento nacional, usando, dentro do esquema da TV comercial, as formas de mobilização psicossociais.

— *O Cruzeiro*, 5 de maio de 1971

Os intelectuais não me compreendem. Querem que eu toque música clássica. Mas eu não gosto. Não adianta insistir. Meus programas são populares e eu me identifico com o povo. Não posso esquecer minhas origens de camelô.

— *O Estado de S. Paulo*, 17 de agosto de 1983

Jornalista que me entrevistar tem que ser sério, competente e ter inteligência e sensibilidade para colocar no papel os meus bons e maus pensamentos.

— SBT, 21 de fevereiro de 1988

Analisando a comunicação

Se a televisão é comercial, e só, a única preocupação tem que ser mesmo ganhar dinheiro.

— *Realidade*, setembro de 1969

[O rádio] É um extraordinário veículo de comunicação, como a TV. Tem as suas características próprias, alcance diferente, horário nobre diurno, enquanto a TV é o noturno. Enfim, tem condições para conservar e até ampliar sua importância como veículo de comunicação de massa, principalmente agora que se pretende alfabetizar milhões de brasileiros, que moram aonde muitas vezes a imagem da TV não chega. Como veículo de publicitário, acredito que continue gozando de muito prestígio, pois todas as empresas que vendem alguma coisa anunciam no rádio, a começar pelas maiores.

— *O Cruzeiro*, 5 de maio de 1971

Hoje em dia, quem não tem televisão não tem coisa alguma. O aparelho de tevê substituiu a máquina de costura como elemento indispensável em um casamento. E é para este público que devemos fazer televisão, se é que a audiência tem importância.

— *Realidade*, setembro de 1969

Na minha televisão, só assisto programas que me divertem, que me descansam, e não programas artísticos. Eu vejo a Dercy, o Chacrinha, o Quem tem Medo da Verdade?, coisas assim. Agora, o programa da Hebe, por exemplo, é um programa que eu assisto, que me diverte, e é um programa um pouco mais cuidado, mais bem feito, com boas entrevistas.

— *A Crítica*, 1969

Bons colegas que cometem seus pecados. Um júri que, como os demais, tem seus momentos de boa verdade e outros que poderiam ser considerados ridículos. Aquela de julgar Roberto Carlos nem é bom comentar. Quanto ao [Carlos] Manga, nada a criticar. Um ótimo mediador.

> — Avaliando o júri do programa *Quem tem Medo da Verdade?*, da Record, em que fez o papel de advogado de defesa de Roberto Carlos. *Revista do Rádio*, 21 de julho de 1970

Por isso, digo que, na classe artística, não existe nenhum profissionalismo no Brasil. Não vou falar das outras classes. Mas essa, a artística, é demais. Ninguém pensa em termos profissionais. No Brasil existem muitos artistas que não possuem empresários. Levam calote. Dão o cano. Fazem shows de graça. O profissional não encara a arte como profissão.

> — *A Crítica*, 1969

O telespectador que há um ano estava numa classe baixa, hoje está numa classe acima, e continua comigo. O que já estava nessa classe, subiu um pouco e passou a me ver. Então eu acho que não perdi nada.

> — *O Cruzeiro*, 5 de maio de 1971

O brasileiro é um povo humilde. A televisão é a sua única diversão. Esse povo não quer ligar a televisão para ter aula ou ter cultura. Isso quem tem de dar para ele são as autoridades competentes, por meio da escola.

> — *Veja*, 17 de maio de 2000

Você já imaginou o Blota Jr. vestindo fantasia e dando buzinada em calouro no auditório? O Blota tem um senso crítico que jamais permitiria que ele fizesse isso. Nem que fosse pra assegurar a terceira geração dele. Ele preferiria morrer. No entanto o Chacrinha faz e tem muita gente que o acha um gênio da comunicação.

— *A Crítica*, 1969

O Chacrinha é espetacular. Espetacular. Eu faço um programa que traz a minha figura de paletó e gravata, falando, no máximo sorrindo e fazendo uma brincadeira e outra com os participantes. Bom, o Chacrinha faz alguma coisa diferente.

— *A Crítica*, 1969

Os programas de auditório vão ser cada vez mais raros no futuro. Eu preciso me preparar para ter a mesma naturalidade, a mesma comunicação, sem depender do auditório.

— *Veja*, 28 de maio de 1975

O Almirante dizia uma frase que é antológica. Pra mim é premissa: "Rádio só é diversão pra quem ouve. Pra quem faz é profissão como outra qualquer". A televisão é a mesma coisa.

— *A Crítica*, 1969

Eu não vejo televisão. É um trabalho como outro qualquer. Televisão só é diversão pra quem vê. Você acha que eu vou

SILVIO SANTOS

sair daqui, chegar na minha casa pra ver televisão e continuar trabalhando? Não! Eu tô vendo uma série muito boa: *A Bíblia*. Espetacular. Grande produção. Netflix. Se você não tem Netflix na sua casa, passe a ter! A mensalidade é de R$ 18,90, creio eu, e os donos da Netflix nos Estados Unidos devem estar me vendo e devem mandar pra mim um mês de graça!

— Fazendo propaganda gratuita do Netflix em seu programa dominical. Dias depois, Reed Hastings, CEO da empresa, anunciou que daria uma assinatura gratuita vitalícia para Silvio.

SBT, 22 de fevereiro de 2015

Aposentadoria?

Nesta temporada de 88, eu vou fazer 5 horas [de programa] e o Gugu 4. Na temporada de 89, eu farei 3 horas e o Gugu 6. Na temporada de 90, eu farei 1 hora, 1 hora e meia do Baú, e o Gugu faz o restante. Ao entrar nos 61 anos [de idade], eu vou fazer Miss Brasil, Troféu Imprensa e mais alguns shows pra satisfazer a minha vaidade de homem de televisão. Paro. Não quero mais.

— SBT, 21 de fevereiro de 1988

Meu plano era parar aos 70 anos. Mas não sei se vou conseguir. Há uma resistência muito grande a isso dentro da emissora. Os executivos dizem que se eu parar, o SBT regride, o Baú não vende. É tudo mentira. Os executivos falam isso porque eles ganham bônus e acham que as coisas são mais fáceis com o Silvio Santos lá, porque o Silvio Santos é um bom vendedor etc. Mas eu acho que o SBT não pode depender mais do Silvio Santos.

— *Veja*, 17 de maio de 2000

Antes, eu gravava dois dias por semana, das 11 da manhã até as 7 da noite, e não tinha o menor problema. Agora eu fico das 11 às 3 e meia da tarde e, quando chega perto da hora de ir embora, já estou querendo parar, não estou mais animando com leveza.

— *Veja*, 17 de maio de 2000

Eu chego aqui, paro no meu camarim, faço meus programas um dia sim, um dia não, e vou embora. E vou embora cansado, porque são 200 pessoas que ficam no meu ouvido o tempo todo e, quando eu saio daquele auditório e entro no meu carro, sinto aquele silêncio que me acalma e me dá prazer.

— SBT, 19 de agosto de 2011

4 Dono de televisão

O SBT merece um capítulo à parte. Para Silvio Santos, não é um negócio como os outros. Trata-se da mais completa tradução da simbiose entre o artista e o empresário.

Apesar de ter dito em diferentes entrevistas que tornar-se dono de televisão nunca esteve em seus planos, essa ideia começou a ser ventilada ainda nos anos 1960, poucos anos depois de ter lançado o *Programa Silvio Santos*. Em 1969, quando perguntado pelo então repórter da revista *A Crítica*, Décio Piccinini, o porquê de não ter pedido uma concessão ao governo, Silvio respondeu com um oblíquo "É...". Em 1970, tentou ficar com os canais que pertenciam à Excelsior, fechada naquele ano, e prometeu ao governo que pagaria todas as dívidas da rede. Não conseguiu. Em 1972, quase comprou metade da TV Record, que beirava a falência, mas as ações foram parar nas mãos do grupo gaúcho Gerdau. Ao mesmo tempo, por pouco não teve seu contrato de aluguel de horário renovado com a Globo. Por intervenção pessoal de Roberto Marinho, Silvio permaneceu na emissora até 1976, mas consciente de que precisava encontrar uma alternativa, caso contrário, ele e o Baú da Felicidade poderiam sumir da televisão.

Cerca de seis meses após entrar na Record, a Gerdau decidiu deixar o negócio. Essa seria uma ótima chance para Silvio se seu contrato com a Globo não lhe impusesse uma pesada multa, 25 milhões de cruzeiros, caso se tornasse acionista de qualquer emissora de rádio ou TV. Quem deu a solução para esse impasse foi Dermeval Gonçalves, então diretor administrativo do Grupo Silvio Santos:

— Eu tenho um grande amigo com quem trabalhei 19 anos. É um empresário bem-sucedido, tem mais dinheiro que você, e acho que ele compra a Record pra você sem pedir nada em troca.

Joaquim Cintra Gordinho, filho de um ex-patrão de Dermeval, coronel Antonio Gordinho, dono da Companhia Brasil Rural, era fã do apresentador e se prontificou, inclusive, a emprestar o dinheiro da transação, mas isso não chegou a ser necessário. Como ele morava nos Estados Unidos, incluíram na sociedade outro homem de confiança: Laudelino de Seixas, ex-piloto de Joaquim, que ficou com 10% das ações. Ele seria o informante de Silvio Santos dentro da Record.

Em paralelo a essas transações, o Homem do Baú entrou, em 1974, na disputa pelo canal 9 de São Paulo. Perdeu para o *Jornal do Brasil*, que acabou devolvendo a outorga quatro anos depois sem ter posto no ar uma imagem sequer. Depois, foi aberta a concorrência pelo canal 11 do Rio de Janeiro. Por sugestão do então diretor da revista *Amiga*, Moisés Weltman, Silvio resolveu tentar outra vez. Agora, procuraria usar toda a experiência acumulada para não ser derrotado. Alguns dos seus concorrentes nessa disputa foram as Empresas Bloch, a Fundação Cásper Líbero e a Companhia Jornalística Caldas Júnior. Silvio e seus executivos sabiam que ganharia pontos com o governo aquele que garantisse a abertura da emissora em menos tempo. E eles também sabiam que tinham condições para tal, pois já dispunham da infraestrutura usada para realizar os programas que exibiam na

Globo e na Tupi. Desde 1972, os Studios Silvio Santos ocupavam as antigas instalações da Excelsior, no bairro da Vila Guilherme.

— Lá existe tudo o que uma emissora de televisão tem, só falta o canal — declarou Silvio.

Outro detalhe era que o Grupo Silvio Santos investia muito na compra de espaços publicitários e tinha condições de bancar até sozinho, sem anunciantes externos, a programação da nova estação. Todos esses diferenciais, incluindo o esquema de autofinanciamento, foram esmiuçados em um plano com centenas de páginas repletas de gráficos, organogramas e tabelas. Formulada a teoria, Silvio encarou o desafio de fazê-la chegar às mãos de quem pudesse decidir a seu favor. Para essa missão, além de Dermeval, contou com o apoio de figuras como Arlindo Silva, seu assessor de imprensa; Rafael Baldacci, deputado federal e amigo pessoal do então ministro-chefe da Casa Civil, general Golbery do Couto e Silva; e Manoel de Nóbrega, que tinha bom trânsito em Brasília e abraçou a luta pelo canal 11 como sua última missão em favor daquele que considerava como filho.

Mas, além do projeto e do *lobby*, era necessário mudar a imagem que formadores de opinião e políticos tinham de Silvio Santos. Muitos deles não conseguiam conceber que o homem brincalhão dos domingos seria capaz de administrar uma emissora ou uma rede nacional de televisão. Para mudar essa percepção, Silvio e seu grupo de empresas tiveram de se expor mais na imprensa. O auge desse movimento foi a reportagem de capa da edição nº 351 da revista *Veja*, de 28 de maio de 1975. Ela ressaltou muito mais o empresário que o artista e, nas últimas linhas, trouxe as duas frases que resumiam qual seria a postura de Senor Abravanel como radiodifusor: "A minha televisão será diferente de todas as que existem. Não dependerá de Ibope. Seria mesmo a televisão que o povo e o governo gostariam de ter no momento". O

SILVIO SANTOS

tempo mostraria que, de fato, seu canal não seria igual aos outros, mas o mesmo não se pode dizer com relação à audiência.

A repercussão de tanto trabalho chegou aos ouvidos do então ministro das Comunicações, Euclides Quandt de Oliveira. A essa altura, Silvio chegou a ser sabatinado quatro vezes pelo chefe de gabinete do ministério, engenheiro Castello Branco.

Finalmente, em 22 de outubro de 1975, o presidente Ernesto Geisel assinou o decreto n° 76.488, que outorgava à TV Studios Silvio Santos Ltda. "concessão para estabelecer uma estação de radiodifusão de sons e imagens (televisão)" na cidade do Rio de Janeiro. Era a certidão de nascimento do canal 11. A cerimônia que oficializou a outorga ocorreu exatos dois meses depois, no gabinete do ministro das Comunicações. Manoel de Nóbrega, na qualidade de diretor superintendente da nova estação, fez questão de cruzar os mais de mil quilômetros que separam São Paulo de Brasília para participar da solenidade, apesar da saúde muito debilitada. Após ouvir os discursos que Quandt de Oliveira e Silvio Santos haviam feito de improviso, ele tirou do bolso do paletó um texto que havia datilografado.

— E podemos afirmar que toda a classe radialista e todos os artistas de televisão do Brasil estão vibrando no dia de hoje. E com justa razão. É a primeira vez na história brasileira que um canal de televisão é dado a um punhado de artistas brasileiros. Sim, senhor ministro, em cada um de nós, diretores do canal 11, há um animador, um ator, um redator, um produtor, um artista de televisão.

Quase três meses depois de dizer essas palavras, Manoel faleceu.

Para cumprir a celeridade que tinha prometido ao governo, Silvio impôs uma meta ousada: instalar sua estação de TV em cinco meses. Assim, superaria uma emissora de Manaus, que tinha começado a funcionar em seis meses. Não tinha tempo a perder e, para cumprir seu prazo, precisou receber um empurrão da sorte.

Exatamente uma semana após Geisel ter assinado o decreto que lhe garantiu o canal 11, foram a leilão todos os bens que pertenciam à TV Continental, que teve falência decretada em 1971. Havia desde equipamentos velhos até armários e poltronas. Parecia ser apenas um amontoado de sucata. Silvio, porém, notou que o lote também incluía todo o sistema irradiante do canal, instalado no morro do Sumaré, e pensou que, se o comprasse, não precisaria esperar os oito meses que haviam lhe dado como prazo para construção de uma torre nova. No dia do arremate, o feliz proprietário da TV Studios compareceu acompanhado de Luciano Callegari, seu superintendente na época. Não havia outro interessado. Durante o leilão, Luciano deu lances de mil em mil cruzeiros. Querendo se divertir um pouco, Silvio resolveu dar lances também, competindo contra o próprio funcionário. De uma forma ou de outra, ganhou. No dia seguinte, *O Estado de S. Paulo* publicou:

> O arremate do material foi considerado por observadores como um lance promocional de Silvio Santos, já que recebeu a concessão do canal 11 carioca e dispõe de tempo suficiente para montar a estação sem necessitar dos equipamentos obsoletos da TV Continental.

O que nem os observadores nem Silvio Santos esperavam era que o transmissor do antigo canal 9 carioca tinha sido construído para operar em cores mais de uma década antes do início oficial da TV colorida no Brasil. Foi um verdadeiro milagre que o empresário fez questão de contar ao público no discurso de inauguração da TVS,

SILVIO SANTOS

transmitida às 20h55min de 14 de maio de 1976, uma sexta-feira. A primeira atração do canal 11 foi *Silvio Santos Diferente*, na qual o apresentador recebeu Ronald Golias, Terry Winter, João Nogueira, Cláudia Barroso e Antônio Marcos.

Artistas, telespectadores e críticos alimentaram grande expectativa sobre a grade de programação do novo canal. A julgar pelos programas que Silvio Santos fazia na Globo e na Tupi, pensaram que surgiria um bom número de atrações feitas no Brasil, gerando muitos empregos. Mas não foi isso que aconteceu.

No dia seguinte à inauguração, a transmissão teve início às 18 horas. Após uma hora de programas educativos, começou a ser exibido um episódio de *Hazel*, que Silvio rebatizou como *A Empregada Maluca*. Logo após, *A Empregada Maluca*. Em seguida, *A Empregada Maluca*. Depois, *A Empregada Maluca*. Tratava-se do mesmo episódio repetido quatro vezes seguidas. Quatro vezes seguidas! E o dono da TVS fez o mesmo com várias outras produções. Para se justificar, dizia simplesmente adotar o mesmo raciocínio das salas de cinema. Assim, quem perdesse a primeira exibição teria outra chance para ver.

Entre os enlatados, era exibido o primeiro noticiário da história do canal. Tratava-se do boletim *Silvio Santos Informativo*, com cerca de dois minutos de duração. Apesar do nome, as notícias eram lidas por outros locutores, como, por exemplo, Roberto Figueiredo, a última voz do *Repórter Esso* no rádio. Na tela, surgiam imagens recortadas de jornais e revistas. Os assuntos? Sempre os mais frios possíveis, pois esses boletins eram reprisados pelo menos seis vezes ao dia, de segunda a sábado.

Além do *Silvio Santos Informativo*, as únicas atrações feitas pela Studios Silvio Santos eram *Bacará 76*, com Ronald Golias, e *Um Instante, Maestro!*, de Flávio Cavalcanti, além, claro, dos programas de Silvio Santos.

Curiosamente, foi transmitindo futebol que a TVS alcançou pela primeira vez a liderança de audiência: Cosmos *versus* Santos, em 1 de outubro de 1977, ao vivo dos Estados Unidos. Tratou-se da última partida de Pelé, exibida com exclusividade para o Rio de Janeiro pelo canal 11. Outro sucesso foi o longa-metragem *Sssssss*, prontamente renomeado por Silvio para *O Homem Cobra*. A história do cientista que transforma seu novo assistente em cobra foi reprisada incontáveis vezes ao longo de duas décadas e abriu caminho para uma invasão de filmes de terror tanto na *Sessão das Nove* quanto na *Sessão das Dez*, esta já no SBT e que, em geral, começava só depois das 23 horas.

Durante o seu início como dono de emissora, Silvio vendia os intervalos a baixos preços e ainda oferecia garantia de audiência. Por exemplo: se o cliente quisesse que seu comercial alcançasse 7 pontos de audiência, ele seria exibido exaustivamente até o momento em que o canal 11 alcançasse os tais 7 pontos. Isso atraiu empresas que nunca tinham aparecido na TV, como o pequeno Supermercado de Grades, em Maria da Graça, que foi um dos primeiros anunciantes da TVS.

Enquanto cuidava de sua nova emissora no Rio de Janeiro, Silvio resolvia sua situação em São Paulo. Encerrado o seu contrato com a Globo, o apresentador transferiu para si os 50% da Record, que estavam em nome de Joaquim Cintra Gordinho. E Silvio ainda tinha a opção de comprar mais 10%, graças a um empréstimo que concedera em 1975 para Paulinho Machado de Carvalho, o dono dos outros 50% da empresa. Como Paulinho se recusava a atendê-lo quando entrou oficialmente na Record, Silvio quis assustá-lo: enviou para Brasília seu então diretor jurídico, doutor Luiz Sandoval, e mandou registrar a transferência também desses 10%. Naquele instante, tornava-se acionista majoritário da Record. O tempo fechou. Finalmente os dois sócios se encontraram. Construíram uma relação distante, mas respeitosa o suficiente para melhorar as finanças da empresa e expandir o sinal pelo interior paulista.

Com essas transações, Silvio trocou o medo de sair do ar pela garantia de espaço em diversas emissoras. Chegou a ter seus programas transmitidos por quatro canais ao mesmo tempo, dois no Rio de Janeiro, dois em São Paulo. Entretanto, o fim da Rede Tupi, em julho de 1980, reavivou a preocupação com a transmissão de suas produções em todas as regiões. Em um primeiro momento, isso foi mitigado com a criação do departamento de outras emissoras, DOE, que administrava uma pequena rede de afiliadas que começava a se formar em torno da Studios Silvio Santos. Depois, apareceu a oportunidade que faltava: o governo reuniu canais que pertenciam aos Diários Associados, à TV Excelsior e à TV Continental, dividindo-os em dois blocos para serem licitados. O primeiro reunia canais em Belém, Rio, Porto Alegre e São Paulo; o segundo, em Belo Horizonte, Fortaleza, Recife, Rio de Janeiro e São Paulo. Ao introduzir dois novos *players* no mercado, o governo esperava diminuir a força da Globo. O presidente da República João Figueiredo havia se desentendido com a família Marinho.

A princípio, o Grupo Silvio Santos não queria que surgissem duas novas redes. Seus executivos defendiam que a melhor alternativa seria entregar esses canais para as cabeças de rede já existentes, especialmente a Record e a Bandeirantes. Como o governo não deu atenção a essa ideia, não restou alternativa para Silvio senão entrar na disputa, concorrendo com outros pesos da mídia, como Abril, Bloch e *Jornal do Brasil*.

Em linhas gerais, o projeto que Silvio pretendia implantar na nova rede era semelhante ao que apresentou para o canal 11 do Rio. No quesito prazo, foi ainda mais agressivo que da primeira vez, prometendo colocar a nova estação no ar "imediatamente". Apesar de arriscado, parecia factível, pois já realizava programações inteiras para a TVS, para a Record e para as afiliadas ligadas ao DOE. Garantiu também que assumiria os funcionários da Tupi, que seriam mantidos na nova rede por pelo menos um ano.

Um dos pontos que o apresentador teve que esclarecer ao governo era como pensava em receber novos canais de TV no Rio e em São Paulo, se já tinha concessões nessas cidades. A resposta teve de ser dada através de uma carta assinada por ele e Paulinho Machado de Carvalho e enviada ao ministro das Comunicações. Nela, se comprometia a vender sua parte na Record.

Silvio empenhou-se pessoalmente na tarefa de convencer o governo de que seu projeto era o melhor, ainda que a imprensa da época apontasse os grupos Abril e *Jornal do Brasil* como os favoritos. Ele e seus executivos viajavam constantemente para Brasília, mantendo conversas com elementos das Forças Armadas, do ministério das Comunicações, do Sistema Nacional de Informações, SNI, e das casas Civil e Militar. Teve a ajuda de dona Dulce, esposa do presidente Figueiredo e fã do animador, e do primo dela, Carlos Renato, que entrou como jurado no *Show de Calouros*. Quem também atuou em favor de Silvio foi a dupla Dom e Ravel, que cantava *"Eu te amo, meu Brasil"*, espécie de hino popular da ditadura militar. Em troca do trabalho como lobistas, Silvio os promovia em seus programas.

Em 25 de março de 1981, saiu o resultado. Através do decreto n° 85.841, o presidente João Figueiredo concedia para o Sistema Brasileiro de Televisão canais em Belém, Rio, Porto Alegre e São Paulo. Já no decreto n° 85.842, desse mesmo dia, outorgava para a Televisão Manchete canais em Belo Horizonte, Fortaleza, Recife, Rio de Janeiro e São Paulo.

SILVIO SANTOS

Como havia se comprometido a colocar a emissora no ar "imediatamente", os técnicos da Studios Silvio Santos tiveram de trabalhar muitos dias e noites para que a transmissão inaugural acontecesse no mesmo dia em que o canal fosse autorizado a operar. Seria algo inédito na história da televisão. E assim aconteceu.

Às 9h30min, entrou no ar a TVS, canal 4 de São Paulo, ao vivo do auditório do ministério das Comunicações, em Brasília, onde ocorria a cerimônia de assinatura dos contratos de concessão. Silvio discursou durante cerca de dez minutos. Agradeceu àqueles que o ajudaram a ganhar a licitação e anunciou a linha de atuação da rede que nascia. Também mandou um recado:

— Podem crer que eu não vou decepcionar o presidente Figueiredo.

Silvio procurou cumprir o que prometeu. Aos domingos, exibia o boletim *Semana do Presidente* para divulgar ações do governo e cantava "*o Figueiredo é coisa nossa*" na abertura do *Show de Calouros*. Homenageou o presidente mesmo depois de ele ter falecido, exibindo em seu programa uma reportagem que registrava a missa em sua memória.

Com o SBT no ar, todo o Brasil passou a ver o modo como Silvio Santos pensava e fazia programação. O canal 4 paulistano surgiu com muito mais produções próprias do que o canal 11 carioca quando foi lançado. E, desde o princípio, as atrações infantis tiveram destaque. Silvio sabia quanto a audiência infantil era importante. Não por acaso, o *Programa Silvio Santos* tinha segmentos como *Sua Majestade, a Criança* e *Domingo no Parque*. Para a sua rede, trouxe Bozo, criado nos Estados Unidos durante os anos 1940 e que, desde 1980, se apresentava na TV Record e na TVS. Esse show combinava desenhos animados com brincadeiras ao vivo no palco e por telefone, exigindo muita capacidade de improviso dos vários atores que interpretaram o palhaço mais famoso do mundo. O sucesso foi tanto que Silvio fez o programa durar até 8 horas, rendendo ao SBT o apelido de Sistema Bozo de Televisão.

Outro destaque desses tempos pioneiros foi *O Povo na TV*, nascido como *Aqui e Agora* na TV Tupi carioca. Wilton Franco e sua equipe recebiam pessoas necessitadas de todo tipo de auxílio, desde uma orientação jurídica até a cura de uma criança em estado terminal. Imagens fortes e brigas homéricas preenchiam mais de quatro horas ao vivo, de segunda a sexta. Outra de suas principais atrações foi Roberto Lengruber, que afirmava curar pelo poder das mãos. Franco e Lengruber, este último acusado de curandeirismo e charlatanismo, chegaram a ser presos.

O Povo na TV, *O Homem do Sapato Branco*, *Alegria 81*, *Programa Raul Gil* e antigos programas da Tupi, como *Reapertura*, *Show sem Limite*, *Almoço com as Estrelas*, *Clube dos Artistas* e *Miss Brasil* — Silvio compôs uma grade popularesca que fez do SBT um fenômeno sem igual. Em pouco tempo, era vice-líder em todo o Brasil.

Mas, apesar dos muitos telespectadores, eram poucos os anunciantes. Os compradores de mídia e os formadores de opinião resistiam à TV de Silvio. Para reverter o quadro, o dono do SBT cortou a própria carne: demitiu centenas de profissionais e tirou do ar várias das suas maiores audiências. Esforçou-se em reduzir custos e reposicionar a rede no mercado publicitário. Para a edição de julho de 1986 da revista *Marketing*, Silvio declarou:

"O que pretendemos é ter uma programação diversificada, bem-feita, mas sem nunca fugir do nosso propósito de fazer uma televisão que, através de uma linguagem simples e bem elaborada, possa ser assistida por todas as camadas sociais".

O resultado dessa visão foi uma emissora calcada em

programas de auditório mais bem tratados e enlatados. Muitos enlatados. De todos eles, um serviu como divisor de águas: *Pássaros Feridos*. Durante o *Programa Silvio Santos* de 18 de agosto de 1985, véspera do 4º aniversário do SBT, o apresentador exibiu trechos da produção e anunciou incontáveis vezes a estreia dessa minissérie que conta a história de amor entre uma mulher e um padre. Mas havia um detalhe: o episódio só começaria um minuto após o término da novela da Globo.

Dito e feito. No dia seguinte, enquanto não acabava o episódio de *Roque Santeiro*, Silvio pôs no ar uma sequência de *A Pantera Cor de Rosa*, que só interrompeu no instante em que a concorrente passou a apresentar *Viva o Gordo*. O departamento comercial esperava alcançar cerca de 30 pontos, mas o resultado acabou sendo muito maior: a estreia rendeu 47 em São Paulo contra 27 da Globo.

Pássaros Feridos e contratações como as de Hebe Camargo e Carlos Alberto de Nóbrega, além da reformulação do *Viva a Noite*, fizeram o SBT qualificar a audiência e gerar mais negócios.

Entre tanta atividade, um fato entristeceu Silvio: a morte do apresentador Flávio Cavalcanti. Anos antes, Cavalcanti estava na Bandeirantes quando, em um dia de 1983, Flávio Cavalcanti Jr. ligou para Silvio:

— Você quer Flávio Cavalcanti?

A resposta veio somente após 5 segundos de silêncio.

— Não. Seu pai é muito estrela, o SBT está nascendo e aqui não tem espaço para duas estrelas. Eu sou a estrela!

Minutos depois, Silvio mandou um diretor telefonar para Flavinho e avisá-lo de que havia mudado de ideia. Em seguida, Flavinho, eufórico, ligou para seu pai:

— Papai, topas trabalhar com o Silvio?

A resposta foi:

— Não. Porque o Silvio nunca vai deixar de ser a estrela do SBT. Eu não vou ter espaço lá!

No fim, os dois se acertaram e Flávio passou a comandar seu polêmico programa nas noites de quinta-feira.

A relação entre os dois apresentadores vinha de longa data e, nela, havia espaço para brincadeiras como esta:

— Você, Silvio — disse Flávio certa vez —, acha que é o maior comunicador da televisão brasileira, mas sou eu!

— Mas eu acho a mesma coisa — respondeu Silvio. — Eu acho que sou o maior comunicador da televisão brasileira!

Em 22 de maio de 1986, Flávio apresentava seu programa no SBT quando começou a suar frio e sentir falta de ar. Conseguiu resistir por três blocos. Durante o intervalo, sua filha Fernanda pediu que chamassem uma ambulância. No susto, Wagner Montes, um dos jurados daquele dia, encerrou o programa, enquanto via o titular da atração receber seu primeiro atendimento no palco. Quatro dias depois, Flávio faleceu. Silvio e sua esposa, Iris, foram os primeiros a chegar ao hospital onde o criador do júri na TV estava internado. Em respeito ao colega, o dono do SBT fez algo inédito: tirou sua programação do ar, substituindo-a por uma sequência de músicas clássicas e um *slide* com tarja preta e os seguintes dizeres: "Estamos tristes com a morte do nosso colega *Flávio Cavalcanti*, que será sepultado hoje em Petrópolis, às 16 horas, quando voltaremos com a nossa programação normal".

O show não podia parar. Dois anos após a morte de Flávio, Silvio Santos reformulou toda a programação. Contratou Jô Soares, no ar com *Veja o Gordo* e o *talk show Jô Soares Onze e Meia*, quase nunca exibido no horário prometido; reforçou o jornalismo com Boris Casoy e o seu *TJ Brasil*, que consagrou a figura do âncora; e comprou novos filmes e séries. Tudo isso reforçou a melhoria do perfil de público que assistia ao SBT. Por outro lado, diminuiu em alguns pontos sua média de audiência.

Ainda em 1988, outro movimento de impacto: Silvio trouxe Gugu de volta para a sua rede. Augusto Liberato começou a trabalhar com o Homem do Baú em 1974, na produção do *Domingo no Parque*. Em 1982, ao lado de Ademar Dutra e Jair de Ogum, começou a apresentar *Viva a Noite*, criado pela produtora argentina Nelly Raymond. No entanto, o que nasceu como um concurso de dança com três apresentadores virou um show de variedades só com Gugu, que lançou quadros como *O Rambo Brasileiro* e *Sonho Maluco*, no qual chegou a cruzar um túnel em chamas. O sucesso do *Viva a Noite* chamou a atenção da Globo, que, em 1987, convidou Gugu para animar um programa de auditório dominical. Inicialmente, Silvio não se opôs e o deixou ir. Depois, assustado com problemas de saúde e desejando dedicar-se mais a causas comunitárias, resolveu deixar o vídeo e escolheu Gugu como seu sucessor artístico. Foi então que o dono do SBT viajou ao Rio de Janeiro e, na noite de 8 de fevereiro de 1988, se reuniu com Roberto Marinho. Silvio conseguiu a liberação do seu pupilo, mas não da multa rescisória milionária que teve de pagar. Com Gugu, Silvio assinou o maior contrato da história da televisão brasileira até então, garantindo-lhe 5 milhões de cruzeiros por mês, além de espaços publicitários para divulgar seus negócios.

Silvio Santos só voltou a ter esse fôlego para investimentos em 1991, após sobreviver à tormenta que quase o levou à falência. Nesse ano, encomendou ao seu departamento de jornalismo um noticiário semelhante ao que assistira em Buenos Aires. Lá, desde 1984, fazia sucesso o *Nuevediario*, no Canal 9 Libertad, de Alejandro Romay. Reportagens policiais, prestação de serviço e comentaristas polêmicos atraíam um grande público interessado em sensacionalismo. No Brasil, essa fórmula recebeu as influências vindas do jornal *Notícias Populares*, com suas manchetes escabrosas, e a irreverência própria do SBT. Assim nasceu o *Aqui Agora*, título semelhante ao empregado pela Tupi em seus últimos momentos. Como dizia o apresentador Ivo Morganti, era "um jornal vibrante, que mostra na TV a vida como ela é". Por diversas vezes, o programa alcançou a liderança de audiência, inspirando o surgimento de inúmeras atrações semelhantes em praticamente todos os canais.

Em nenhum momento Silvio deixou de apostar no público infantil, tendo lançado vários apresentadores nesse gênero: Sérgio Mallandro, Mara Maravilha, Simony, Vovó Mafalda, Eliana e Mariane, que foi demitida por ter cortado o cabelo no estilo joãozinho sem o consentimento do patrão. Contudo, para tornar sua rede mais competitiva comercialmente, Silvio se viu obrigado a investir em outros dois gêneros bem mais caros: esporte e dramaturgia.

O SBT esteve em quatro Copas do Mundo: 1986, junto com a Record, 1990, 1994 e 1998. Em parceria com a Sport Promotion, de José Francisco Coelho Leal, mais conhecido como Quico, filho de Blota Jr., transmitiu o Torneio Rio-São Paulo, a Copa Mercosul e a Copa do Brasil, que em 1995 registrou, na final, a maior audiência da história da rede de Silvio Santos. Essa marca só foi batida seis anos mais tarde, com o episódio final da primeira temporada do *Casa dos Artistas*. Entre 1995 e 2000, exibiu, dentro do *Programa Silvio Santos*, as provas da Fórmula Indy, depois renomeada para Fórmula Mundial. Silvio, inclusive, tentou comprar os direitos dos principais torneios de futebol do Brasil, mas esbarrou na cláusula de preferência que protegia a Globo.

Já no campo da teledramaturgia, Silvio reconhecia o poder de atração das novelas sobre o público feminino. Por outro lado, não desejava gastar com elas o mesmo que a concorrência. Em termos de custo-benefício, não via melhor alternativa que os enlatados mexicanos.

Desde 1982, o SBT exibe produções da Televisa, começando por *Os Ricos Também Choram*. Muitas delas seguem o mesmo enredo: uma jovem bonita, pobre, solteira, virgem e devota de Nossa Senhora de Guadalupe desperta a paixão de um homem bonito, rico, mas casado com uma mulher má, e conta com o apoio de crianças, idosos e/ou empregados para casar-se com o tal homem. *Spoiler*: no final, a mulher má morre e a jovem bonita, pobre, virgem e devota consegue seu tão sonhado matrimônio com o homem bonito e rico, ficando, assim, rica também. O nome dessas cinderelas também costuma ter raízes comuns: podem ser pedras, como Rubi e Esmeralda, ou uma sucessão de Marias, como Maria Mercedes, Marimar e Maria do Bairro. Há também as produções infantis, como *Chispita* e *Carrossel*, que Silvio reprisou diversas vezes. Aliás, quando o assunto é reprise, duas produções *made in Mexico* são campeãs: entre as novelas, *A Usurpadora*, exibida sete vezes entre 1999 e 2016; e entre os seriados, *Chaves*.

Nas mãos de Silvio, *Chaves* tornou-se um coringa. Ele havia sido o único dentro do SBT a acreditar nesse clássico da televisão latino--americana escrito e protagonizado por Roberto Gómez Bolaños, o Chespirito. Os episódios de *El Chavo* apenas foram comprados porque integravam um pacote cujas produções não poderiam ser vendidas separadamente. *Chaves* foi exibido pela primeira vez em 24 de agosto de 1984, dentro do programa *Bozo*. Desde então, passou por vários horários, servindo para solucionar problemas de baixa audiência.

Voltando às novelas, o SBT também produziu as suas. Inicialmente, com orçamentos enxutos, adaptava textos mexicanos.

Depois, fez coproduções como *Cortina de Vidro*, com a Miksom, e *Chiquititas*, com a argentina Telefe. Mais tarde, sob a direção geral de Nilton Travesso, realizou trabalhos de maior nível técnico e artístico. Tramas como *Éramos Seis* e *As Pupilas do Senhor Reitor* reuniram grande elenco e conquistaram boa audiência, além de elogios da crítica. Nessa fase, Silvio adotou uma estratégia muito peculiar para exibir os episódios, decidida em uma conversa com Travesso.

— Nilton, o que você está pensando de horário para a novela? — perguntou o dono do SBT, referindo-se a *Éramos Seis*.

— Pensei em entrar às 9 e meia, depois da novela da Globo, porque a gente capitaliza as pessoas que gostam de dramaturgia... — respondeu o diretor.

— Não, porque eu queria colocar às 8 horas.

— Mas em cima do *Jornal Nacional*?

— Eu vou pensar melhor. Amanhã nós conversamos.

No dia seguinte, Silvio chamou Travesso e disse:

— Olha, eu pensei muito bem essa noite e vou fazer o seguinte: nem você, nem eu. Eu vou botar às 8 e repriso às 9 e meia.

O diretor quase desmaiou quando ouviu essa decisão.

—Então nós vamos passar o mesmo capítulo duas vezes?

—É, duas vezes! Pode deixar que vai dar certo!

Quando a novela já estava no ar, Silvio costumava brincar:

— Tá vendo? Tá dando 28 pontos: 10 às 8 horas e 18 às 9 e meia!

O Centro de Televisão da Anhanguera, inaugurado em 19 de agosto de 1996, contribuiu muito para a melhoria da qualidade das produções do SBT. O complexo está em uma área de 231 mil m², sendo 85 mil de área construída. Reúne oito estúdios independentes, cidade cenográfica e redação de jornalismo, centralizando em um único local o que antes era feito em cinco endereços. Opera com água

SILVIO SANTOS

de cinco poços artesianos e tem sua própria estação de tratamento de esgotos. A energia elétrica é fornecida por cinco subestações e quatro geradores irlandeses. Já o piso, todo ele removível, é italiano.

Apesar de tudo isso, Silvio não demonstrou muita euforia com o empreendimento, que custou US$ 120 milhões aos cofres da empresa e não envolveu financiamento. Ao ser perguntado, durante a inauguração dos estúdios, se realizava um sonho naquele instante, respondeu:

— Não. Pelo menos do meu, não é.

O que realmente despertava a emoção de Silvio era acompanhar o desempenho da sua programação. Esse era o seu hobby.

— Gosto de acompanhar os números de audiência dos programas. Minha vibração é ver que o infantil do SBT ganhou do *Angel Mix*, ou que o *Chaves* está liderando no horário. O resto é besteira — disse em entrevista para a revista *Veja* de 17 de maio de 2000.

Caso os números não lhe fossem favoráveis, poderia alterar a programação com a mesma facilidade de alguém que move o pião em um jogo de tabuleiro. Sua maior vítima foi o *Programa Livre*: durante os 9 anos em que foi comandado por Serginho Groisman, Silvio mudou seu horário 37 vezes! Muitas outras atrações tiveram vida curtíssima, como o telejornal *SBT Notícias*, de 1995, que durou apenas três semanas, ou o *Telefone e Ganhe*, com Hellen Ganzarolli, que foi ao ar uma única vez.

Em contrapartida, outras produções, surpreendentemente, duraram um pouco mais. Caso do *Pegadinhas Picantes*: uma produção ucraniana com câmeras escondidas e atrizes que sempre terminavam tirando toda ou quase toda a roupa. Silvio havia assistido a essa produção em uma feira internacional e chegou a exibi-la em horário nobre. E como não se lembrar de *Cocktail*? Cópia do italiano *Colpo Grosso*, tinha Miele cercado pelas garotas tim-tim, que, com ou sem razão aparente, mostravam os seios. Esse *game show* durou um ano. Também merece ser mencionada a capacidade de Silvio para batizar seus programas de forma nada convencional. Já criou desde nomes desnecessariamente longos, como *Cassetadas Engraçadas e Desastradas*, até outros bem sintéticos. Chegou, por exemplo, a resumir o velho ditado "Quem foi rei nunca perde a majestade" em apenas duas palavras: Rei Majestade.

O gestor de televisão Silvio Santos nunca se furtou também de fazer aquilo que Jack Welch chamou de "mergulho profundo": perseguir um problema até a sua origem, atravessando todos os níveis da empresa e, não raro, pondo a mão na massa. Um exemplo disso foi o *Fantasia*, programa de jogos por telefone que lançou em 1997. Inspirado por um formato italiano, Silvio reuniu 50 belas mulheres em um mesmo cenário e entregou o comando para outras cinco belas mulheres – algumas delas nunca tinham apresentado um programa de TV. O dono do SBT fez questão de dirigir pessoalmente o piloto do programa, ensinando, inclusive com trejeitos, como elas deveriam se portar diante da câmera. E Silvio, independentemente de onde estivesse, enviava bilhetes para as apresentadoras enquanto o programa estava no ar. Ia direto ao ponto: mandava cortarem o cabelo, trocarem o calçado, vestirem uma roupa de outra cor, afinarem o braço ou irem ao dentista.

O fato é que, para o bem ou para o mal, Silvio sempre surpreendeu. Em 1998, com o dinheiro que usaria para contratar Boni, preso a um contrato com a Globo, trouxe Ratinho, que registrava enorme audiência na Record com um programa controverso. No ano seguinte, desativou dois departamentos, o de jornalismo e o de dramaturgia, e perdeu Jô Soares e Serginho Groisman. Em 2000, assinou convênios avaliados em US$ 150 milhões com a Warner

Bros., a Disney e a Televisa para compra de filmes, séries, desenhos animados e novelas. Nessa mesma época, comandou dois grandes sucessos: *Show do Milhão* e *Casa dos Artistas*. Mais do que nunca, fazia uma televisão puramente voltada ao entretenimento.

Tentou, outra vez e sem sucesso, qualificar a sua programação, reinvestindo no futebol, com o Campeonato Paulista de 2003, e no jornalismo, através da contratação de Ana Paula Padrão. Enquanto isso, a Record, com seu projeto "A Caminho da Liderança", avançou.

Passada a crise do Banco PanAmericano e já com a segunda geração inserida nos negócios, o SBT iniciou um processo de resgate de seus valores originais. Muitos deles, inclusive, vindos do próprio Silvio Santos. Daniela Beyruti, diretora artística e filha nº 3, resumiu o resultado dessa autoanálise em entrevista para a edição de julho de 2008 da revista *Poder*:

— O SBT tem a sua personalidade, tem uma marca... É voltar a fazer isso, a focar naquilo que a gente foi feito pra fazer. Não adianta querer ser chique, que a gente vai ser brega.

Maior controle dos custos; reforço dos gêneros de programas em que tem mais tradição, como infantis, auditório e filmes; investimento no jornalismo; especialização em novelas infantis. Com essas ações, o SBT procurou pavimentar o seu caminho para os anos seguintes.

Silvio Santos nunca pareceu fazer questão de seguir qualquer cartilha, especialmente no que se refere à televisão. Suas decisões transmitem a ansiedade de quem quer sempre ser diferente. E, por serem ansiosos, seus movimentos são rápidos, mas instáveis. O SBT vive em ondas; novela, esporte e jornalismo que o digam. Terra firme mesmo somente o auditório, que nunca saiu do ar, e a faixa infantil, que forma gerações de espectadores.

A audiência aprecia e busca a rotina. E, mesmo sabendo que essa nunca foi uma especialidade do SBT, continua assistindo e se identificando com o canal porque se reconhece nele. O povo encontra no SBT a informalidade que vive cotidianamente. Além disso, com ou sem a presença de Silvio no vídeo, o público consegue enxergar a sua mão invisível em cada estreia ou novo horário. E, por gostar dele há muito tempo, demonstra compreendê-lo e até perdoá-lo quando erra a mão. Essa boa vontade seletiva se comprova com os fracassos que tantos outros canais já tiveram quando tentaram replicar estratégias antes executadas com sucesso por Silvio.

Em contrapartida, o surgimento de um concorrente agressivo, a Record, pôs em xeque a genialidade do programador Silvio Santos. Quando se tem a "liderança absoluta do segundo lugar", como dizia a campanha publicitária criada por Washington Olivetto, se tem também licença para testar e até errar mais. Contudo, quando se cai para a terceira ou quarta posição, a pressão cresce e a margem de manobra diminui. Todo sucesso é fruto de um equilíbrio: combinam-se virtudes, como a capacidade de acompanhar as novidades no mercado internacional, com novos valores, como a paciência para esperar os resultados aparecerem.

O SBT é o maior legado televisivo que Silvio Santos construiu porque é sua maior e mais fiel representação. Silvio é a maior estrela, a maior audiência e o maior anunciante do seu próprio canal. Através dele, criou profissionais e mudou a forma como todos os seus concorrentes trabalham.

Conforme as frases a seguir revelarão, a definição que o dono do SBT dá para a TV oscila entre trabalho e diversão, o que leva a uma conclusão: para Silvio Santos, televisão é tudo.

SILVIO SANTOS

— POR ELE MESMO —

A formação do SBT

Se eu tivesse uma estação de TV, posso garantir que seria a mais completa possível, padrão de exigência, pois não é menos o que eu exijo nas minhas empresas.
— *O Cruzeiro*, 5 de maio de 1971

Consegui ser dono de televisão por acaso, não foi uma coisa perseguida por mim.
— Depoimento para o livro *50 anos de TV no Brasil*, organizado por J. B. de Oliveira Sobrinho, Boni (Editora Globo, 2000)

Começamos a ter cenógrafos, bailarinas, desenhistas, cameraman, boom-man. Criamos o melhor guarda-roupa do Brasil. Nem a Globo tem um guarda-roupa como o nosso. Precisávamos de carpinteiros, eletricistas, marceneiros, serralheiros para fazer os cenários dos nossos programas. Então fomos obrigados a alugar os estúdios da Vila Guilherme, onde era o estúdio da TV Excelsior, canal 9, com uma área de 4.000 metros quadrados. Lá existe tudo o que uma emissora de televisão tem, só falta o canal.

— Depoimento para o livro *A Vida Espetacular de Silvio Santos*, de Arlindo Silva (L. Oren, 1972)

Chegou ao meu conhecimento que eu não ia mais poder alugar horário. Eu teria que vender o estúdio, ser empregado, e eu não tinha mais condições de ser empregado... Aí o Moisés Weltman, que era diretor da *Amiga* e muito meu amigo, chegou perto de mim e disse: "Por que você não entra na concorrência pela concessão de um canal de televisão que vai abrir no Rio?". Aí eu falei: "Mas Moisés, você acha que vão dar televisão pro camelô? Você tá ficando louco? Vão dar televisão pro Peru que Fala? Deixa isso pra lá!". Mas botou aquele negócio na minha cabeça...

— SBT, 7 de maio de 1987

Vou entrar nessa briga para ser a primeira rede brasileira [em audiência].

— *Amiga*, 12 de novembro de 1975

A minha televisão será diferente de todas as que existem. Não dependerá de Ibope. Seria mesmo a televisão que o povo e o governo gostariam de ter no momento.

— *Veja*, 28 de maio de 1975

O recorde brasileiro pertence a uma emissora de Manaus. É de seis meses. Quero colocar a TV Studios Silvio Santos no ar em cinco meses. Mas isso também vai depender da RCA, que instalará a aparelhagem. Viajo no próximo dia 8 aos Estados Unidos para tratar do assunto. Acho que vou investir cerca de um milhão e meio de dólares nessa montagem. Uma coisa eu garanto: se o melhor material é o da TV Globo, nós teremos igual.

— *Amiga*, 12 de novembro de 1975

Hoje, com a ajuda de Deus e de amigos, eu vou ser um homem vitorioso na televisão. Porque a experiência, o conhecimento e a vivência que eu não tinha, hoje eu tenho.

— TVS, 22 de dezembro de 1975

Um dos desejos do senhor ministro das Comunicações era que o canal 11 fosse instalado rapidamente. E esse desejo era uma necessidade minha e de toda uma classe.

— TVS, 14 de maio de 1976

Eu espero, mais tarde, encontrar com o senhor ministro [Quandt de Oliveira], em qualquer lugar da cidade, e dizer pra ele: "Viu, ministro? A coisa deu certo! O senhor acreditou em mim e em muito menos de vinte anos nós conseguimos fazer aquilo que o senhor queria e aquilo que o governo esperava".

— TVS, 22 de dezembro de 1975

Silvio era a pessoa mais apressada do mundo e era também um sujeito de muita sorte. Li nos jornais que a massa falida da extinta TV Continental, canal 9 do Rio de Janeiro, seria leiloada e disse para o meu amigo e superintendente dos estúdios, Luciano Callegari: "Olha, Luciano, se nós arrematarmos tudo no leilão, não vamos precisar esperar 8 meses pela construção da torre e da antena". O material anunciado no edital do leilão era sucata, disse muita gente entendida. O próprio leiloeiro achava que iria leiloar um monte de ferro velho. Conseguimos, com o maior lance, comprar todo o material do leilão e os jornais disseram que o novo concessionário já estava começando com o pé esquerdo e fazendo um péssimo negócio. Fez-se uma descoberta espantosa. Quem poderia adivinhar que o velho transmissor, da velha Continental, fora construído para funcionar a cores uns dez anos antes de se instalar a televisão a cores no Brasil? Mas quando há boa vontade, Deus ajuda e tudo acontece.

— TVS, 14 de maio de 1976

Para os meus colegas [de comunicação], quero dizer que serei muito mais colega e muito menos patrão. Eu não poderia agir de outra forma. Eu conheço as suas dificuldades, eu conheço os seus ideais, eu sei da vontade que todos têm de trabalhar nessa profissão que é apaixonante. E ela é apaixonante pelas alegrias, pelas surpresas, pelas frustrações, pelas decepções do nosso dia a dia. Quem entra nessa profissão, nunca mais quer sair.

— SBT, 19 de agosto de 1981

Neste momento está no ar a TVS, canal 4 de São Paulo. E muita gente pergunta pra mim: "Ô Silvio Santos, por que TVS? É TV Silvio Santos?". Bem, é TV Silvio Santos porque, carinhosamente, os cariocas dizem que é. Não sei se os paulistas também vão chamá-la assim. É que nós

SILVIO SANTOS

fazíamos os nossos programas num estúdio chamado Studios Silvio Santos, e, quando o governo nos deu um canal de televisão, este canal ficou sendo a TV dos Studios. Então, a TV Studios. Por esta razão o nome TVS.

— SBT, 19 de agosto de 1981

Todo mundo dizia que quem ia ganhar a concessão era a Abril ou o *Jornal do Brasil* e, em terceiro lugar, corria o Henry Maksoud. O governo precisava de uma emissora que concorresse com a Globo, porque achava perigoso concentrar a informação em uma só emissora. Passei a fazer pessoalmente o programa *A Semana do Presidente*, transmitido até hoje. Que culpa eu tenho de eles me darem o canal?

— *O Estado de S. Paulo*, 17 de agosto de 1983

Eu me lembro que quando ganhei os canais de televisão, disseram pra mim: "Olha, Silvio Santos, se você aceitar os canais de televisão, vai ter tantos problemas que ficará na miséria, será um homem falido". Já se passaram oito anos e eu nem estou na miséria, nem sou um homem falido.

— SBT, 22 de outubro de 1989

Aquilo que diziam, de que o governo me deu a concessão porque eu era um puxa-saco, acho que hoje está provado que não era verdade. Quando o Golbery [Couto e Silva, então ministro-chefe da Casa Civil] - que infelizmente está morto e não pode comprovar

– se batia muito nisso, dizia: "Precisamos dar pro Silvio Santos porque ele é um profissional, é um vitorioso. E, se nós quisermos uma tentativa de segunda rede, temos de dar para quem conhece do ramo". Daí a razão de eu ter entrado na licitação e ter ganho. O Golbery sabia que eu era o homem certo. E ele não se enganou, e o Figueiredo não se arrependeu.

— *O Estado de S. Paulo*, 7 de janeiro de 1990

Record

Não comprei a TV Record. Não sei porque insistem em dizer isso. Não fiz nenhum negócio com a Record. Não comprei a Record e não vou comprar nenhuma outra emissora, nem em São Paulo, nem em outro espaço.

— *Amiga*, 12 de novembro de 1975

Eu fui conversar com o Paulinho Machado de Carvalho. Ele me contou que a emissora estava em dificuldades e que havia um acordo entre os donos de estações de TV para não me contratar, mas me disse que um sócio estava vendendo metade das ações e que, se eu as comprasse, ele diria aos outros que não haveria como não me colocar no ar. Negociei a compra das ações. Estava tudo certo, mas numa madrugada, Paulinho veio à minha casa dizendo que o negócio havia fracassado porque outra pessoa tinha comprado as ações.

No dia seguinte, fui trabalhar normalmente no meu programa de rádio, quando recebi um telefonema de um dirigente da emissora, informando que Roberto Marinho queria me fazer uma proposta. Ele

SILVIO SANTOS

já sabia que eu estava interessado em comprar as ações da Record, mas não sabia que o negócio não dera certo. E eu não falei nada. O Marinho propôs a minha permanência na televisão, contando que eu não comprasse as ações da Record, sob pena de uma multa astronômica.

— *O Estado de S. Paulo*, 17 de agosto de 1983

Logo em seguida, a Record passava por novas dificuldades e, em troca de mais 10% das ações, emprestei algum dinheiro. O Paulinho só desconfiava, mas não sabia que eu tinha 50% das ações da empresa.

— Lembrando o empréstimo que concedeu à Record, depois de ter comprado metade dela através do empresário Joaquim Cintra Gordinho. *O Estado de S. Paulo*, 17 de agosto de 1983

Fiz questão de vender [a Record], até porque eu não podia ficar com mais estações do que já tinha. Com o dinheiro que recebi do Edir, eu mandei fazer um prédio na Bela Vista, onde era o Banco PanAmericano. Aquele prédio representa a minha parte na Record no tempo em que eu era sócio da família Carvalho.

— Record, 3 de abril de 2016

O programador

A nossa luta não é para ser a melhor televisão do Brasil. A nossa luta é pela sobrevivência.

— SBT, 13 de março de 1988

Enquanto estiver dando audiência, continua. Se cair, eu mudo.
— *O Estado de S. Paulo*, 28 de outubro de 1991

Na minha emissora, eu não interfiro. Cada um faz o programa do jeito que quer. Eu não falo nada. Quem fala é o número. Quem dá ibope pode mostrar o que quiser.
— *Veja*, 17 de maio de 2000

Quem tem uma estação de televisão, tem que fazer alguma coisa pela comunidade.
— SBT, 21 de fevereiro de 1988

Dizem que eu só uso enlatados, mas ninguém ainda se deu ao trabalho de pegar a minha programação semanal e a das outras emissoras de televisão, para um confronto na ponta do lápis.
— *Olho Mágico*, 1 de janeiro de 1980

Como empresário, eu gosto de transmitir tudo aquilo que, pelo menos, dê um retorno pequeno ou que, pelo menos, haja um equilíbrio entre a receita e a despesa.
— Respondendo se transmitiria o desfile das escolas de samba. SBT, 1995

Vejo [os filmes] com minha mulher e faço os cortes, aqui mesmo, nesta sala. Em *A Escolha de Sofia*, por exemplo, o rapaz pegava a moça, levava para o campo, deitava na grama e ficava lá: ah, ah, ah! Corta, corta, vamos cortar esse troço. Ele vai com a moça para o campo e, no dia seguinte, aparece dizendo que "foi maravilhoso e tal". Todo mundo já sabe que houve sexo.

— *Jornal do Brasil,* 14 de fevereiro de 1988

Não é a censura que corta, eu mesmo corto [os filmes]. Faz mal para a gente, é repugnante. Muitas vezes o sexo também é repugnante.

— *Jornal do Brasil,* 14 de fevereiro de 1988

Sou a favor da autocensura. Aquilo que não posso ver com a minha mulher e as minhas filhas as filhas dos outros também não podem ver. Eu edito os filmes com a minha mulher, edito as minisséries.

— *Folha de S. Paulo,* 21 de fevereiro de 1988

Estética é conversa fiada da Globo, que não quer ter concorrência. Novela é tudo igual, todas partem da tragédia grega. O bom é o sucesso com investimentos que não comprometam a empresa financeiramente.

— *O Estado de S. Paulo,* 28 de outubro de 1991

Jô Soares foi a nossa grande conquista. Ele veio trazer aquele chantili que, dizem as classes pensantes, faltava ao nosso pudim.

— *Folha de S. Paulo,* 21 de fevereiro de 1988

Os produtores independentes têm condições de apresentar um produto melhor e mais econômico. Acredito que os independentes vão proliferar. Vou torcer para isso.

— *O Estado de S. Paulo*, 7 de janeiro de 1990

O telespectador tem uma sensibilidade fora do comum. Quando ele gosta de um programa, sabe onde procurar.

— *O Estado de S. Paulo*, 28 de outubro de 1991

Nessas pesquisas que estamos fazendo, são 12 grupos de diversas idades, com rapazes, moças, senhoras e senhores que gostam de novela. Eles estão dizendo o seguinte: "Ah, tô com raiva do Silvio Santos! O Silvio Santos não respeita a gente! A gente vai ver uma novela no SBT, ele acaba com a novela!". Não é verdade. Quer dizer, não é muito verdade. Claro, quando ninguém tá vendo a novela, tá dando 1 ponto de audiência, eu não vou deixar no ar! Quando eram as novelas mexicanas, os jornalistas pediam pra tirar, mas eu tinha contrato, não podia romper. Agora são novelas feitas no Brasil e a primeira, não sei por que razão, minha mulher resolveu escrever. Ela escrevia pra revista. Essa novela, que vocês estão com medo... "Ah, eu não vou ver a novela porque pode ser que o Silvio Santos tire do ar, porque ele é maluco! Ele levanta e tira do ar!". Eu não tiro do ar, nem sou maluco! Quando eu tiro, é porque ninguém tá vendo! Então, já que vocês acham que é uma falta de respeito minha, eu prometo que eu não vou tirar mais nenhuma novela do ar. Se der zero de audiência, azar de vocês! Troquem de canal!

— SBT, 15 de fevereiro de 2009

SILVIO SANTOS

Não é porque é a minha mulher que está escrevendo, mas a novela é boa! Eu não estou vendo, mas dizem que é muito boa. Eu vou dormir sempre cedo, não vejo novela, agora, todo mundo tá dizendo que é boa.

— SBT, 15 de fevereiro de 2009

A novela [*Revelação*] não tá dando zero, não! Tá dando 6 pontos de audiência, tá? A última novela que o SBT apresentou foi *Lola*. Tava dando só 4. Mas, claro, *Pantanal* deu 14, pô! Mas também não é toda hora que se arranja um *Pantanal*...

— 15 de fevereiro de 2009

Eu não vendo horário religioso. É contra o meu princípio. Judeu não deve alugar a televisão para os outros. Você não sabe que os judeus perderam tudo quando deixaram outras religiões entrarem em Israel? A história é essa. No dia em que os judeus começaram a deixar que outros deuses fossem homenageados em Israel, os babilônios foram lá e tiraram o templo e jogaram os judeus para fora. O judeu não pode deixar que na casa dele tenha outra religião. É por isso que não deixo nenhuma religião entrar no SBT.

— *Folha de S. Paulo*, 23 de junho de 2013

Eu acho que homossexual não dá certo em televisão, o público não gosta. Se é um humorista fazendo o papel de homossexual, de uma maneira caricata, tudo bem. Mas, quando é de verdade, eles preferem não ver. Acham que é uma apologia do homossexualismo.

Eu, se puder, não coloco no vídeo. Mas, pessoalmente, não tenho nada contra eles.

— *Veja*, 17 de maio de 2000

A TVS poderá ser mais bonita, mas sempre terá alma popular.

— *Afinal*, 3 de novembro de 1987

Temos de dar ao povo o que o povo quer. Se for samba, será samba. Se for mulher com pouca roupa, será mulher com pouca roupa.

— *Veja*, 17 de maio de 2000

Globo

A Globo é um supermercado, eu sou uma quitanda.

— *Afinal*, 3 de novembro de 1987

Eles conseguiram 70% do mercado e não fizeram isso com um revólver na testa de ninguém. Conseguiram isso com valor, com talento.

— Analisando a tese de que a Globo seria praticamente dona de um monopólio. *O Estado de S. Paulo*, 7 de janeiro de 1990

O Boni é o melhor profissional da televisão brasileira, mas nunca vai ser dono porque não tem estrutura moral para isso. Não tem ética, é passional.

— *Folha de S. Paulo*, 21 de fevereiro de 1988

SILVIO SANTOS

Eu me lembro de um ano que tentei competir com a Globo [pelos direitos de transmissão do futebol] e a minha proposta tinha sido até um pouco melhor que a dela. Mas me responderam que a Globo tinha uma cláusula preferencial e que, se ela cobrisse a minha proposta, ficaria com os direitos. Depois dessa data, eu vi que qualquer tentativa de se trazer o futebol para outra emissora que não fosse da Globo não daria resultado.

— SBT, 21 de agosto de 2011

Dr. Roberto [Marinho], o senhor já está mais para a eternidade do que para a vida. Será que o senhor não vai convencer os seus diretores? O senhor precisa estar em paz com Deus para que ele o receba, logo, logo, nos seus braços.

— Apelando para que Roberto Marinho permitisse que a Globo veiculasse anúncios com artistas de outros canais. SBT, 1988

A Globo diz que paga US$ 100 mil por capítulo [de novela]. Eu acredito. Mas só posso gastar entre US$ 15 e 20 mil por capítulo. É bom deixar claro que não me preocupo com o que se passa na concorrência, mas com o que a minha emissora exibe.

— *O Estado de S. Paulo*, 28 de outubro de 1991

Eles [Globo] têm 25 anos, nós vamos fazer dez e vamos tentar, nos próximos 15 anos, nos aproximar cada vez mais da Globo.

— *O Estado de S. Paulo*, 7 de janeiro de 1990

Por mais que a Record queira se aproximar da Globo, em todos esses anos ela não passou de 11 pontos e, ultimamente, tem caído pra 10, pra 9, pra 8 pontos, o que significa que o público dificilmente vai deixar a Globo. A Globo é um muro. Ultrapassar esse muro a gente só consegue de vez em quando. É claro que, se tem um jogo de futebol entre o Corinthians e o São Paulo na Bandeirantes, pode dar 30, 40 pontos, mas, no dia seguinte, as pessoas voltam pra Globo. A gente sabe que lutar contra a Globo, na minha opinião, é impossível.

— SBT, 21 de agosto de 2011

Ibope

Pra liquidar as dúvidas que eu tinha, uma vez coloquei meus vendedores de carnê do Baú, de porta em porta, acompanhando os pesquisadores do IBOPE. E as pesquisas dos meus vendedores coincidiam exatamente com as pesquisas do IBOPE. O IBOPE é honesto. Ele aponta sempre o primeiro. Não se pode ter a porcentagem exata, mesmo do primeiro, como dos outros, mas a pesquisa é honesta.

— *A Crítica*, 1969

Já há muitos anos que acredito, não tenho provas, que os números do AudiTV, não os do flagrante domiciliar, são manipulados. Me processem, porque, assim, vou conseguir as provas.

— SBT, 13 de março de 1988

SILVIO SANTOS

Dizem, mas eu nunca vou conseguir provar, que o Montenegro se atrapalhou financeiramente e recebeu recursos da Globo.

— SBT, 13 de março de 1988

Não posso provar, mas sei que a TV Manchete não deve estar operando com lucro, deve estar perdendo dinheiro. Adolpho Bloch sempre foi um bom administrador de dívidas. Não posso provar que a Bandeirantes esteja bem financeiramente em televisão. Posso provar que a Record não vai bem financeiramente. E por que não vão bem? Será que todos os administradores foram incorretos? Será que todos os administradores foram incompetentes? Ou será que há manipulação de números?

— SBT, 13 de março de 1988

Elenco

O Gugu está comigo há 14 anos; por que a Globo ou alguém vai levar? Leva, leva a minha vaidade de ter feito um garoto, mas paga. Leva no papel, não na conversa. Sem tapear.

— *Jornal do Brasil*, 14 de fevereiro de 1988

Gosto de Gugu porque seu ego não é gigantesco. Ele trabalha sem reclamar de nada.

— *Veja*, 25 de abril de 2001

Não gosto de estrelas. Não recontrataria Lillian Witte Fibe,

porque ela reclama muito. De estrela, no SBT, basta o dono.
— *Veja*, 17 de maio de 2000

Eles estão reclamando de barriga cheia.
— Após ouvir Núbia Óliiver pedir aumento no valor dos prêmios da *Casa dos Artistas*. *Veja*, 21 de novembro de 2001

No SBT, eu sou voluntário. Eu não ganho absolutamente nada. Os dirigentes do SBT estão aí para que não me deixem mentir. Eu ganhava R$ 300 mil do Baú da Felicidade pra fazer o programa dele. O Baú fechou, então não me pagaram mais nada.
— SBT, 21 de agosto de 2011

A Patricia vai muito bem na televisão. Eu estou muito contente com ela e com a Silvia, que está me surpreendendo. Eu não sabia que ela seria tão espontânea quanto está sendo.
— Comentando o desempenho das filhas como apresentadoras do SBT. RedeTV!, 18 de maio de 2016

Jornalismo

Jornalista que quiser trabalhar comigo não vai ser investigador. Quem tem que investigar é a polícia.
— SBT, 21 de fevereiro de 1988

SILVIO SANTOS

Jornalista aprendeu na faculdade a ser idealista, a escrever o que deseja? Então compre uma estação de televisão! Na minha, não! Na minha estação de televisão, enquanto eu viver, jornalista vai procurar as qualidades do ser humano.

— SBT, 21 de fevereiro de 1988

Se as outras estações fizerem jornais de 8 às 8 e meia, eu não faço. Na segunda-feira, eu retransmito pelo SBT, nas minhas 45 estações de televisão, o jornal da Globo. Na terça-feira, eu retransmito o *Jornal da Manchete*. Na quarta-feira, eu retransmito o jornal da Bandeirantes. Na quinta, o da Cultura. Na sexta, o da Record. No sábado, o da Gazeta. E retransmito na íntegra, com comerciais e chamadas.

— SBT, 13 de março de 1988

Qual o ser humano que vai progredir se ele não recebe estímulo e só recebe cacetada da imprensa?

— SBT, 21 de fevereiro de 1988

O Boris Casoy tem se saído bem porque consegue fazer um equilíbrio, ele não critica só. Ele elogia também. Aliás, hoje ele está com prestígio por causa dessa virtude que ele tem, não só criticar. Ele balanceia bem. Estamos contentes com o nosso jornalismo.

— *O Estado de S. Paulo*, 7 de janeiro de 1990

No caso do jornalismo, houve uma briga entre Marcos Wilson,

diretor do departamento, e Boris Casoy. Por isso, para cada evento, mandavam duas equipes, uma do Marcos e outra do Boris. Essa brincadeira saía caríssimo – 30 milhões de reais por ano.

— Explicando por que desmontou o jornalismo do SBT no final dos anos 1990. *Veja*, 17 de maio de 2000

O negócio televisão

Eu sou um homem que entende do assunto televisão.

— *O Estado de S. Paulo*, 7 de janeiro de 1990

Minha empresa, enquanto eu viver, será familiar, decente.

— *Folha de S. Paulo*, 21 de fevereiro de 1988

Acredito que o que mais falta à TV do Brasil seja capital aplicado segundo um projeto realista, que leve em conta a necessidade de integração nacional, de aumento de mercado de trabalho para o artista nacional, uma política de investimento orientada para a TV em cores e uma correspondente política de formação de recursos humanos para a TV em cores.

— *O Cruzeiro*, 5 de maio de 1971

Minha filha, conversando comigo, me perguntou por que nós, homens da comunicação, tendo veículos tão poderosos nas mãos, não fazemos aquilo que os americanos fazem. Os americanos têm um espírito comunitário. Os americanos realizam campanhas e conseguem o que desejam. E como ela é uma estudante de comunicação e ficou descobrindo aquilo que o povo americano faz, me questionou dizendo: "Por que você, pai, tendo uma empresa de comunicação, não se reúne com os outros [empresários] e não encabeça alguns movimentos que podem ser feitos aqui no Brasil, como são feitos lá nos Estados Unidos?". Eu disse: "As coisas são um pouco diferentes". Mas ela me convenceu que, mesmo sendo um pouco diferentes, precisamos usar os nossos meios de comunicação, a nossa credibilidade, para fazermos alguma coisa.

— Encerrando a primeira edição do *Teleton* brasileiro. SBT, 17 de maio de 1998

Eu peço que as emissoras de televisão não encarem o Teleton como uma festividade do SBT. Isto é um erro. Isto não é verdade. Os artistas aqui comparecem para ajudar a AACD. Quando uma emissora de televisão, por qualquer motivo, se nega a permitir que seus artistas venham ao Teleton, não estão fazendo isso para o SBT, estão negando essa contribuição para as pessoas necessitadas, para a AACD. Quando eu disse o meu desejo de reunir os veículos de comunicação para que nós todos pudéssemos realizar o Teleton, pensei que nós iríamos alcançar este objetivo. Infelizmente não alcançamos e eu vejo, a cada ano que passa, as emissoras de televisão dizerem aos seus artistas: "Não podem ir ao Teleton". Mas lembrem-se: o Teleton não é um programa do SBT. O Teleton é um acontecimento do Brasil, da sociedade, da AACD. É constrangedor que nós, empresários de televisão, não nos unamos neste empreendimento.

— SBT, 5 de outubro de 2003

Quando um dono de um bar vê que um outro bar está se abrindo em frente ao dele, ele fica contente porque mais gente irá ao bar. O que é um dono de televisão? É um dono de um bar. Pura e simplesmente.

— SBT, 21 de fevereiro de 1988

Fizeram coisas de Primeiro Mundo que me deixaram surpreso. Com estas condições, se nós tivermos talento, vamos conseguir uma audiência maior. Tenho certeza que essas condições nos favorecem, mas o importante é o resultado no vídeo, não importa de onde venha o produto, seja de uma garagem, como nós já fizemos por diversas vezes, ou de estúdios como este que eu ainda não conheço.

— Ao inaugurar os estúdios do Centro de Televisão da Anhanguera. SBT, 19 de agosto de 1996

Aqui os maconheiros serão despedidos, se houver; os cocainômanos serão despedidos, nem que sejam os maiores cartazes da empresa.

— *Folha de S. Paulo*, 21 de fevereiro de 1988

Eu nunca fui ao banco [PanAmericano]. Na Jequiti, eu fui uma vez só. No Baú da Felicidade, quando comecei, eu ia diariamente, mas, de uns vinte anos pra cá, nunca mais eu fui. Mas eu nunca deixei de vir ao SBT.

— SBT, 19 de agosto de 2011

O futuro da televisão no Brasil ainda está difícil de prever, porque, com a entrada da Internet, das novas tecnologias, da televisão de alta definição, muita coisa nova vai ser feita. Acredito que todos nós, que trabalhamos em televisão, nós, empresários de televisão, assim como nos adaptamos da televisão ao vivo para a televisão em videoteipe, da televisão em preto e branco para a televisão em cores... Creio que vamos também nos adaptar a qualquer modificação que venha, porque temos capacidade para isso.

— Depoimento para o livro *50 anos de TV no Brasil*, organizado por J. B. de Oliveira Sobrinho, Boni (Editora Globo, 2000)

5 Política

A mosca azul da política já picou inúmeros comunicadores. Desde que o rádio se converteu em fenômeno popular, partidos cercam personalidades que se disponham a converter sua audiência em votos. Blota Jr., Cidinha Campos, Clodovil, Homero Silva, Hélio Costa, Sérgio Zambiasi e vários outros trilharam esse caminho. Manoel de Nóbrega foi um pioneiro. Convidado por Adhemar de Barros, ingressou no PSP e elegeu-se deputado estadual em 1947. Recebeu a maior votação do Brasil naquela época: 37.778 votos. Mesmo tendo sido um parlamentar atuante, trabalhando, inclusive, na elaboração da nova Constituição de São Paulo, Nóbrega frustrou-se profundamente com a atividade política, que acabou por prejudicá-lo no rádio. Após decidir não se candidatar à reeleição, foi parar na estação de menor audiência na época, a Emissora de Piratininga, antiga Cruzeiro do Sul. Apesar de tudo que já havia feito, precisou provar novamente o seu valor até que, finalmente, conseguiu voltar para uma rádio maior, a Nacional, e recuperar a liderança de audiência. Por tudo isso, sempre alertou Silvio Santos:

SILVIO SANTOS

— Não entra em política porque não casa bem com a atividade artística. É uma besteira porque você não vai se dar bem.

Por cerca de trinta anos, Silvio seguiu esse conselho. Nos anos 1960, chegou a recusar um convite do PSD para se candidatar a deputado. Porém, tudo mudou em 1988.

Silvio tinha viajado para Boston para tratar da saúde. Passou 15 dias sozinho, trancado em um quarto de hotel e chorando "como uma criança", conforme revelou mais tarde. Quando voltou para o Brasil, estava com a cabeça mudada. Por pensar que lhe restavam poucos anos de vida, resolveu aproveitá-los de uma nova forma. Desejava retribuir a atenção, o carinho e a corrente de orações que seu público lhe dedicou. Mas como?

Em 21 de fevereiro de 1988, Silvio voltou para diante das câmeras. Fazia um mês que não animava programas ao vivo. Estava mais magro, usando anel e pulseira, com penteado diferente e nova plástica no rosto. Transformou o *Show de Calouros* em um espaço em que jurados, telespectadores por telefone, convidados e plateia poderiam lhe fazer qualquer pergunta, respondidas, uma a uma, com surpreendente franqueza. Contou, por exemplo, que no dia anterior havia recebido uma ligação de Daniel Filho, então diretor da Globo, ameaçando tirar Mara Maravilha do SBT; assumiu que escondia suas filhas e seu verdadeiro estado civil para posar como galã; disse acreditar em reencarnação; e até contou que perdeu a virgindade com uma prostituta. Também anunciou que deixaria os palcos em 1990 e que, até lá, passaria de forma gradual o comando do seu programa para Gugu, que havia recontratado alguns dias antes. Com o espaço que abriria em sua agenda, desejava fazer "alguma coisa útil para a comunidade", mas não sabia o quê. A única certeza que expressou naquela noite era a de que não entraria na política.

Duas semanas após esse programa bombástico, Silvio recebeu em sua casa, no bairro do Morumbi, uma carta assinada por Orlando Dorsa, administrador regional de Campo Limpo. Nela, o apresentador é tratado como "o esperado Messias", que reuniria "todas as condições de dar continuidade à majestosa e irreversível administração Jânio da Silva Quadros, à frente da municipalidade da nossa querida Capital" [*sic*]. Depois de ler essas palavras, o dono do SBT ligou para Dorsa perguntando se ele tinha algum partido. A resposta foi positiva: tratava-se do Partido da Frente Liberal, PFL. No dia seguinte, o então deputado estadual e presidente do PFL-SP, Inocêncio Erbella, apareceu na residência de Silvio com as fichas de filiação, prontamente preenchidas. Em poucas horas, toda a imprensa já sabia da novidade. Em 4 de março de 1988, as bancas paulistanas amanheceram com jornais estampando manchetes de capa como "Silvio Santos no PFL. Quer ser prefeito", de *O Estado de S. Paulo*, ou "Silvio Santos já no PFL, é prefeiturável", da *Folha de S. Paulo*. Mas, apesar de toda essa expectativa, o apresentador comunicou aos jornalistas que só diria se seria ou não candidato durante o seu programa: "Assistam porque vão ajudar a minha audiência".

Foi então que, em 6 de março, Silvio fez outro *Show de Calouros* antológico. Ao vivo, ouviu a opinião de diversas pessoas sobre se deveria ou não se lançar à prefeitura. A maioria, inclusive sua esposa, Iris, se opôs. Um dos únicos favoráveis foi Jânio Quadros, tratado como "gênio" pelo apresentador. Também apresentou uma lista de 12 perguntas a que o PFL deveria responder. Questionou, por exemplo, se poderia continuar animando seus programas de domingo; se poderia ter dois dias de folga por semana; ou se poderia viajar a Miami quando quisesse e deixar o governo com o vice. Por fim, após dez horas de *Programa Silvio Santos*, em vez de anunciar se aceitava ou não ser candidato, terminou dizendo:

SILVIO SANTOS

— Vou estudar o assunto.

Nos dias que se seguiram, a preocupação com o estado de suas cordas vocais e a ansiedade por entrar em um mundo como o da política, que conhecia muito pouco ou quase nada, embaralharam os pensamentos de Silvio, que se afastou do partido e chegou a pensar em desistir. Apesar de tudo, finalmente, no *Show de Calouros* de 13 de março, disse que aceitava ser candidato.

Mesmo com essa decisão tomada, ainda ouviu a opinião de outro grande empresário que havia embarcado em uma aventura eleitoral: Antônio Ermírio de Morais. Em 1986, ele foi candidato ao governo de São Paulo pelo PTB. Após o encontro, que durou cerca de uma hora e meia, o presidente da Votorantim expôs aos jornalistas qual era a sua visão sobre uma campanha política:

— A primeira fase, da homologação pelo partido, é festa, foguetes, foguetório etc. Depois de homologado pelo partido, a conversa vai ser diferente... Aí começa a chantagem de todos os lados!

Silvio demorou mais de três meses para registrar por escrito que aceitava participar da convenção do PFL e lançar-se candidato a prefeito. Tarde demais. A carta na qual documentava sua decisão foi, inclusive, devolvida por Inocêncio Erbella. Muitos dos que, no começo, se mostravam entusiasmados com a entrada do animador já tinham se arrependido. Eles não gostaram nada de Silvio declarar que não faria qualquer concessão aos partidos. Mesmo assim, o dono do SBT ainda cogitou ir à convenção, mas, como justificativa oficial para não comparecer, apresentou uma carta assinada por seu médico estadunidense, o professor William Montgomery, da Universidade de Harvard, na qual recomendava que Silvio não fizesse uso excessivo da voz. No início de 1989, Silvio foi operado para extrair um microedema na corda vocal esquerda.

No fim, o PFL foi coligado ao PMDB em torno de João Oswaldo Leiva, que terminou a eleição em terceiro. Luiza Erundina seria eleita prefeita de São Paulo naquela ocasião. Mas o encerramento da disputa pelo comando da capital paulista não significou o término das pretensões políticas de Silvio Santos, pelo contrário. Ainda em 1988, no mês de outubro, foi apontado pelo IBOPE como favorito na corrida à Presidência da República. O animador teve 28%, contra 10,5% do segundo colocado, Leonel Brizola. No ano seguinte, o PFL reapareceu na vida de Silvio. Com o passar do tempo, foi lhe agradando cada vez mais a ideia de se tornar o mandatário máximo do país.

Em junho de 1989, durante uma conversa em sua casa com os senadores Marco Maciel e Carlos Chiarelli, decidiu que enfrentaria Aureliano Chaves na convenção nacional do partido. Mas, na manhã do dia seguinte, se arrependeu. Para Arlindo Silva, disse que não se sentia "suficientemente motivado para ser candidato".

Decidido a se manter fora da campanha, quis mostrar que não tinha um nome favorito. Por isso, fez uma série de três especiais no *Show de Calouros* em que recebeu os mais bem colocados nas pesquisas: Fernando Collor, Leonel Brizola e Luiz Inácio Lula da Silva.

Silvio chegou a ser cortejado por outras chapas, como a de Afif Domingos. Neste e em outros casos, recusou-se terminantemente a ser vice. Enquanto isso, no PFL, Aureliano Chaves, ex-vice-presidente de João Figueiredo e ex-ministro de Minas e Energia de José Sarney, foi escolhido pela convenção como candidato a presidente. Contudo, não demorou muito para que parte expressiva do partido o abandonasse. Nas pesquisas, ele aparecia nas últimas colocações, com menos de 1% das intenções de voto. A cúpula da legenda já trabalhava em outras alternativas e Silvio, mais uma vez, surgiu no *rol* de possibilidades.

SILVIO SANTOS

Finalmente, em 19 de outubro, o animador se encontrou em Brasília com a cúpula do PFL e Aureliano Chaves, que se dispôs a renunciar em seu favor, e Silvio aceitou assumir a candidatura em seu lugar. Mesmo com tudo acertado, no dia seguinte, houve uma reviravolta: irritado com o vazamento da negociação e após conversar com sua família, Aureliano comunicou a Hugo Napoleão, presidente nacional do PFL, que tinha desistido de desistir. Silvio ainda tentou conversar com o candidato por telefone, mas não foi atendido. A única forma que encontrou para falar sobre e com ele foi, mais uma vez, usando o *Show de Calouros*. Dedicou quase uma hora da edição de 22 de outubro para relatar o que havia acontecido nos dias anteriores, tudo temperado com elogios a Aureliano. Exibiu, ainda, naquela oportunidade, a íntegra de uma entrevista que havia concedido no dia anterior, quando saía do seu camarim no teatro Silvio Santos. Nada adiantou: Aureliano seguiu na campanha. Com isso, os pefelistas Hugo Napoleão, Edson Lobão e Marcondes Gadelha, apelidados pela imprensa como "os três porquinhos", partiram em busca de uma nova legenda para o dono do SBT. E com um detalhe: faltava menos de um mês para a eleição.

Em uma dinâmica que fazia lembrar o *Namoro na TV*, várias legendas nanicas se ofereceram para Silvio. A escolhida foi o Partido Municipalista Brasileiro, PMB. Seu fundador, pastor Armando Corrêa, era também o candidato a presidente pela legenda, com campanha acontecendo no rádio e na TV.

Ao anunciar sua entrada no PMB, o Homem do Baú embaralhou a campanha por completo. Tirou votos de todos os candidatos. O maior prejudicado foi Collor, pois o perfil do seu eleitorado era o mais próximo do de Silvio. Em pesquisa divulgada pela Gallup, em 2 de novembro de 1988, Silvio Santos apareceu em primeiro lugar, com 29%; seguido por Collor, com 18,6%; Lula, com 10,6%; e Brizola, com 9,9%. Ao comentar esses números, o ex-governador do Rio, que chegou a ficar em 2º e, depois, se viu em 4º, não poupou palavras.

> Vergonha deprimente para o nosso país a candidatura desse Silvio Santos. Ele é um homem sem palavra. Há questão de um mês, jantando comigo, disse: "De nenhuma forma eu serei candidato!". Trata-se de um cínico. Concessionário do serviço público, jamais poderia andar utilizando os canais em benefício próprio. Isso é uma desigualdade dentre os candidatos. Por que não dão uma rede pro Leonel Brizola disputar? Interferência indecorosa deste Sarney. Se esse país tivesse um congresso à altura do povo brasileiro, estaria a esta hora questionando a conduta do presidente da República, interferindo, na última hora, no processo eleitoral. É o candidato do Sarney! Esse Silvio Santos é o candidato do Sarney! Essa pesquisa da Gallup é uma sem-vergonhice! Enfim, eu tô sabendo que nada disso vai sair na televisão do senhor Silvio Santos. Na rádio, sim. Mas vocês gostam de gravar pra mostrar lá depois. Ele que veja essa gravação.

Detalhe: todas essas palavras foram exibidas pelo SBT, em horário nobre, durante o *TJ Brasil*.

A candidatura parecia decolar, mas havia um porém: as cédulas de votação foram impressas no início da campanha, antes de Silvio entrar. Ou seja: quem quisesse votar em Silvio Santos deveria marcar um X ao lado do nome Corrêa, o 26. Durante os poucos dias que faltavam até a eleição, o apresentador teve de usar o seu poder de comunicação no rádio e na TV para explicar e convencer os eleitores a votarem nele, mas através de outro nome.

Silvio gravou seus programas políticos nos estúdios do SBT, na Vila Guilherme. Além dos câmeras, poucos testemunharam esse momento. Um dos raros presentes foi o editor Paulo Tadeu, na época um publicitário em ascensão. Ele era o redator dos programas políticos do PMB e foi chamado pelo próprio animador para continuar na campanha. Centralizador, o próprio Silvio decidiu que faria toda a campanha do primeiro turno sozinho e só contrataria um marqueteiro no segundo turno, quando esperava continuar contando com o trabalho de Paulo.

Terminada a gravação do primeiro programa, o apresentador pediu para assistir ao resultado do que havia falado. Gostou do que viu.

— O Silvio ficou bom — disse Silvio, falando dele mesmo.

Dessa gravação, o que mais chamou a atenção de Paulo Tadeu foi a duração: cerca de 5 minutos e 40 segundos. Silvio havia extrapolado em muito o tempo que o PMB teria. E então ele mandou cortar um trecho, o que reduziria o total para 5 minutos. Mas, ao dar essa ordem, ouviu o seguinte comentário do diretor:

— Silvio, não são 5 minutos de programa direto. São 2 minutos e meio de tarde e 2 e meio à noite.

— Mas ninguém me avisou disso – reclamou o patrão, que demonstrava não saber como funcionava a mecânica do horário eleitoral.

Dois minutos e meio era um espaço irrisório dentro da uma hora reservada pelo Tribunal Superior Eleitoral, TSE, nas programações das emissoras brasileiras. Mas uma enormidade, diante dos 15 segundos de outros partidos nanicos. Cada partido tinha um espaço proporcional à sua bancada no Congresso. O PMB possuía esse tempo por ter um senador. Quem não tivesse representação, ficava com míseros 15 segundos. Silvio e o diretor planejaram outro corte e o primeiro programa ficou com os 2 minutos e 30 segundos regulamentares. Sabendo o tempo certo que lhe cabia, Silvio fez outros sete programas em apenas duas horas, um recorde. Falou tudo de improviso, sua especialidade. O que lhe tomava mais tempo eram as trocas de roupa entre uma gravação e outra. Fazia isso para que o telespectador tivesse a impressão de que suas falas haviam sido feitas em dias diferentes.

O cenário do programa eleitoral de Silvio era simples: um fundo infinito, chamado tecnicamente de ciclorama, e uma réplica da cédula eleitoral com mais de 2 metros de altura. Diante de apenas duas câmeras, o Homem do Baú dizia coisas que os brasileiros nunca tinham ouvido sair da boca de um político. O apresentador encontrou, por exemplo, uma forma inusitada de explicar aos eleitores por que não faria comícios pelo Brasil.

> E algumas pessoas perguntam pra mim: "Você não vem na minha cidade?". Não, eu não vou poder ir na sua cidade. "Mas eu não vou ver você de perto?". Vai! Vai me ver de perto! Porque os políticos vão na sua cidade antes das eleições, depois não voltam mais na sua cidade. Eu vou fazer o contrário: como eu não sou político, eu vou na sua cidade depois das eleições agradecer o seu voto.

Suas promessas de campanha eram tão vagas quanto agressivas.

> Eu pretendo imediatamente fazer com que melhore a alimentação do nosso povo, melhorem as condições de saúde do nosso povo, melhorem as condições de habitação do nosso povo, melhorem as condições de educação do nosso povo. Eu pretendo imediatamente atacar a inflação, diminuir a inflação, e eu pretendo imediatamente aumentar o salário mínimo.

Silvio sempre deixava o mais surpreendente para o final: ensinar aos eleitores como deveriam votar nele.

> A maior dificuldade minha é que o meu nome não aparece na cédula. Vocês que desejam votar em mim não vão encontrar o nome de Silvio Santos na cédula. Aqui está a cédula, vocês estão vendo? Os nomes de todos os candidatos. Agora, quem pretende votar no Silvio Santos, quem confia no Silvio Santos, quem quer dar o seu voto para o Silvio Santos, deve marcar um X no 26. Então, 26, Corrêa. Só que não é Corrêa. É 26, Silvio Santos.

Em paralelo a esse desafio didático, outro corria em Brasília. Cada vez que Silvio crescia nas pesquisas, crescia também o número de pedidos de impugnação da sua candidatura. Houve quem usasse palavras preconceituosas e absurdas, como o Partido Comunitário Solidariedade, PCS, que classificou o apresentador como "judeu nazista". A maioria se baseava em um mesmo argumento: Silvio Santos continuava sendo, além de dono, dirigente do SBT, ferindo a lei eleitoral. Já o PRN, de Fernando Collor, foi além. Seu advogado, Célio Silva, apontou problemas no registro do PMB.

O Tribunal Superior Eleitoral julgou o caso em 9 de novembro de 1989 e, por 7 votos a 0, declarou o partido extinto. Ele não teria realizado o mínimo de convenções regionais necessárias para revalidar o seu registro provisório. Isso tornava vencida a questão sobre a candidatura do apresentador, mas, mesmo assim, alguns ministros do TSE fizeram questão de pontuar em seus votos que Silvio era, de fato, quem mandava no SBT, apesar de nunca ter possuído um cargo oficialmente.

Foi assim que Silvio Santos viu terminar seu sonho de se tornar presidente da República. Uma pergunta, porém, ficou sem resposta: se o PMB não poderia sequer existir, como permitiram que ele registrasse um candidato e participasse da campanha, inclusive recebendo tempo no rádio e na televisão?

O Homem do Baú ainda tentaria entrar em outras duas campanhas. Em 1990, filiou-se ao PST, Partido Social Trabalhista, pelo qual pretendia lançar-se candidato a governador de São Paulo. Era nessa legenda que Collor buscava concentrar seus aliados em São Paulo, pois o PRN local estava em crise. Mas como Silvio não recebeu nenhum apoio mais explícito do então presidente da República e suas empresas enfrentavam dificílima situação financeira, ele acabou desistindo da empreitada.

Em 1992, o PFL apareceu mais uma vez diante de Silvio Santos, e mais uma vez abriu as portas da esperança de torná-lo prefeito de São Paulo. Em março, o apresentador assinou sua ficha de afiliação, de número 348. Uma semana depois, já aparecia tecnicamente empatado em intenções de voto com Paulo Maluf: 26,1% contra 27%, respectivamente, de acordo com o Vox Populi.

Mas a disputa mais dura seria travada dentro do partido. O diretório regional se opôs à ideia de lançar Silvio como candidato e

SILVIO SANTOS

a direção nacional teve de intervir. Pronto: estava armado o ringue. O gongo soou quando os dirigentes do PFL paulistano que foram destituídos, munidos de uma liminar concedida pelo Tribunal Regional Eleitoral, TRE, convocaram uma convenção para escolher os nomes da legenda que disputariam a eleição. Nela, o deputado Arnaldo Faria de Sá foi indicado candidato a prefeito. Enquanto isso, a direção nacional convocou outra convenção com o mesmo objetivo. Ela foi marcada para o ginásio do Corinthians, onde se instalou um enorme quebra-quebra. Enquanto isso, a votação de fato acontecia em outra sala do clube, com cerca de 10 m², diferente da mencionada na convocação. Por fim, a candidatura de Silvio foi protocolada no TRE, onze minutos antes de encerrado o prazo.

A batalha jurídica foi parar no TSE, que impugnou todas as candidaturas do PFL em São Paulo, incluindo a de Silvio. Havia irregularidades em todas as convenções realizadas. Por fim, Paulo Maluf voltaria à prefeitura, mas agora democraticamente eleito. E Silvio Santos deixou a vida partidária para sempre.

Seria leviano condenar as intenções demonstradas por Silvio Santos quando quis se tornar político. Ele parecia ter sincero interesse em tirar o Brasil da crise e melhorar as condições de vida do povo mais simples, justamente aquele que mais o amava.

Aos eleitores, oferecia sua enorme capacidade de trabalho, comprovada pelos anos de sucesso profissional que acumulava. Contudo, esquecia-se de que conseguiu isso graças a uma liberdade de ação que só um empresário centralizador como ele possui.

Em suas empresas, principalmente no SBT, é Silvio quem dá a primeira e a última palavra. Nada vai adiante sem o seu consentimento ou ação direta. Na política, julgava que também poderia agir assim. Queria ocupar um cargo público e, ao mesmo tempo, fazer apenas aquilo que desejasse, ignorar aliados ou viajar para a Flórida quando bem entendesse. Por ter plena noção da sua força junto à população, acreditava que os partidos precisavam mais dele que o contrário. E, não por acaso, todas as suas campanhas terminaram chafurdadas nas mazelas do sistema político-partidário brasileiro.

Diante das crises que fizeram o país tremer ao longo das primeiras décadas da Nova República, não foram poucos os que se perguntaram: e se Silvio Santos fosse o presidente? Prever o que aconteceria com o Brasil nas mãos dele é tão difícil quanto prever qual será a nova programação do SBT. Talvez o país ganhasse mais um político mediano e perdesse o seu melhor comunicador.

SILVIO SANTOS

— POR ELE MESMO —

Longe da política

Muita gente julga que essa é a minha intenção. Garanto, porém, que tal fato está muito longe das minhas cogitações. Fui convidado oficialmente pelo PSD para participar das próximas eleições. Não aceitei. Quero mesmo ficar com minha vida de artista. Estou contente demais com ela para trocá-la pela política.
— *Revista do Rádio*, 23 de outubro de 1965

Uma recomendação que ele [Manoel de Nóbrega] sempre me fazia era: "Não entra em política porque não casa bem com a atividade artística. É uma besteira, porque você não vai se dar bem".
— Documentário *Manoel de Nóbrega: uma História*, exibido pelo SBT em 22 de maio de 2004

A contribuição maior que poderia dar ao desenvolvimento nacional seria conseguir engajar o meu público, que não é pequeno, em todas as tarefas de construção patriótica em que os cidadãos brasileiros estão empenhados.
— *O Cruzeiro*, 5 de maio de 1971

Qualquer coisa que o ser humano deseje ser, de engraxate a minerador de diamantes, tem no mínimo cinco a seis anos para aprender. Ninguém nasce sabendo. Eu não quero aprender a ser político. Vou fazer algo que seja mais que um programa de domingo.

— *Jornal do Brasil*, 14 de fevereiro de 1988

Me preocupo mesmo é com as minhas empresas. De política eu quero distância.

— *O Estado de S. Paulo*, 8 de maio de 1988

Não quero saber de política. Eles precisam de mim? Eu sirvo.

— *Jornal do Brasil*, 14 de fevereiro de 1988

Hoje, se o PFL ou qualquer outro partido me procurasse para me lançar candidato a qualquer cargo político, eu não aceitaria. Eu não sou político. Eu diria: sou profissional de televisão, empresário; não sou político, não sou carreirista. A minha atividade profissional é outra.

— *O Estado de S. Paulo*, 8 de maio de 1988

Se entrar em mim o demônio da política, eu vou ter condições de exorcizá-lo.

— SBT, 21 de fevereiro de 1988

É, parece que está se criando uma espécie de esperança, esperança essa que eu não quero que evolua, pois talvez eu

SILVIO SANTOS

prefira mesmo continuar dando a minha contribuição ao povo através da televisão.

— *O Estado de S. Paulo*, 8 de maio de 1988

Dentro da política

Eu comecei dizendo "não votem em mim", mas poderei dizer "votem em mim", porque não vou tapear vocês.

— SBT, 13 de março de 1988

Se me acordarem amanhã e disserem: "Silvio Santos, o regime agora é comunista". O que é pra fazer? Plantar cana? Então eu vou ser o melhor plantador de cana! Vou doutrinar, vou ser chefe do partido, não pelo dinheiro, não pelo poder, mas pela satisfação de fazer o melhor de mim.

— SBT, 21 de fevereiro de 1988

Dizem que o brasileiro é indolente. Por quê? Porque ele trabalha duro, mas não tem comida, casa, hospital, remédio e educação para os filhos. Então pra que trabalhar?

— SBT, 6 de março de 1988

Se o partido disser "Silvio, você ganhou a convenção e vai disputar a prefeitura", eu, então, poderei parar um pouco para pensar e dar uma resposta definitiva para a questão. Por enquanto, porém, não me preocupo com isso.

— *O Estado de S. Paulo,*
8 de maio de 1988

Prefeito pode animar programa de televisão no domingo?
— A primeira de 12 perguntas que fez ao Partido da Frente Liberal, PFL, após ser convidado a candidatar-se a prefeito de São Paulo. SBT, 6 de março de 1988

Prefeito pode colocar um vice-prefeito à sua escolha, independente de partido, para dividir com ele a Prefeitura e ele, o prefeito, ir para Miami quando desejar, deixando o vice na Prefeitura?
— A terceira de 12 perguntas que fez ao PFL após ser convidado a candidatar-se a prefeito de São Paulo. SBT, 6 de março de 1988

O Brasil não precisa de um estadista. O Brasil precisa de um pronto-socorro.

— SBT, 13 de março de 1988

Se eu tiver que deixar o palco, talvez não esteja na Prefeitura, e sim na Presidência da República.

— SBT, 6 de março de 1988

SILVIO SANTOS

Bom, 40 minutos depois eu estava lançado como candidato a prefeito. Fiquei orgulhoso, contente, mas, para ser sincero, a princípio não liguei muito para essa história. Pensei que seria uma coisa rápida, passageira, que ficaria só na badalação e pronto. Mas não foi, como se viu depois.

— Expressando o que sentiu após ter se filiado ao PFL.
O Estado de S. Paulo, 8 de maio de 1988

O que é um presidente? É um homem como eu. Ele vai ao banheiro, tem dor de barriga, tem dor de dente, tem briga com a mulher, tem que pagar a escola dos filhos e tem trabalho como eu. Eu não consigo ser presidente, como ele não consegue ser animador. Somos dois homens em posições idênticas.

— SBT, 21 de fevereiro de 1988

Hoje eu sinto que é alguma coisa estranha que está me conduzindo a disputar as eleições. Não é uma determinação só pessoal. Dentro de mim, tem alguma coisa dizendo: "Você vai ter que disputar as eleições".

— SBT, 22 de outubro de 1989

O garoto que era camelô, que começou vendendo carteirinhas para guardar o título de eleitor com 14 anos de idade, hoje se lança candidato à Presidência da República de um páis como o nosso Brasil. Vejam como é bom viver na democracia. Oportunidade igual para todos.

— Horário político, 5 de novembro de 1989

Na situação em que eu estou, tendo a credibilidade que eu tenho, o povo gostando de mim como gosta e eu gostando do povo como eu gosto, acho que não seria importante para mim qualquer tipo de adesão. A importância para mim seria a bem-querência do povo. Eu seria o candidato do povo.

> — Respondendo aos jornalistas que perguntaram se ele queria o apoio de José Sarney para sua candidatura à Presidência da República. SBT, 22 de outubro de 1989

Eu conversaria com os banqueiros, mostraria que seria impossível pagar essa dívida externa de uma vez só ou em poucas vezes porque iria trazer problemas para o nosso povo. Eu iria ver se conseguiria estender o prazo, se conseguiria diminuir os juros, e se essa dívida externa não vale realmente o que estão dizendo que está valendo, eles também teriam a necessária compreensão para fazer com que essa dívida externa fosse reduzida. Esse negócio de dizer que eu não vou pagar a dívida ou vou pagar a dívida quando eu quiser não é uma coisa decente.

> — SBT, 22 de outubro de 1989

Minha vida é uma vida limpa. Alguém como eu, que está há 35 anos em São Paulo, veio pra cá morar num hotel de 45 cruzados por dia que só tinha um beliche, não tinha nem banheiro, construiu tudo isso em São Paulo e até agora não teve nenhuma mancha, não tem medo de uma devassa.

> — SBT, 22 de outubro de 1989

SILVIO SANTOS

Só vou deixar a minha profissão, o meu público, as minhas empresas e o SBT, que vai indo tão bem, se for por uma causa maior. Só vou trocar o público que me assiste no domingo se for para tentar conduzir bem este país e para que, ao invés de dar só diversão, eu dê alguma coisa a mais para o público.

— SBT, 29 de outubro de 1989

O salário mínimo no Brasil é uma coisa ridícula.

— SBT, 22 de outubro de 1989

Manobra e articulação não fazem parte do meu vocabulário.

— SBT, 31 de outubro de 1989

No governo, assim como tenho feito em minhas empresas, vou procurar me cercar de gente competente. Dizem que assim tenho me saído bem. O povo é quem vai julgar.

— *Jornal do Brasil*, 1 de novembro de 1989

Eu pretendo, imediatamente, atacar a inflação e aumentar o salário mínimo.

— Horário político, 7 de novembro de 1989

Depois de cuidar da inflação e do salário, vou cuidar da saúde, da habitação e da educação, nesta ordem.

— *Jornal do Brasil*, 1 de novembro de 1989

Você sabe o que é reforma social? Você sabe o que é justiça social? Eu também não sabia. Mas reforma e justiça sociais é o que eu pretendo fazer.

— Horário político, 7 de novembro de 1989

É possível governar o Brasil? É. É possível governar qualquer país do mundo desde que o dirigente tenha sensatez, tenha honestidade e faça justiça. E isso eu garanto que vou fazer.

— Horário político, 7 de novembro de 1989

Muita gente pergunta pra mim: "Mas Silvio Santos, você tem competência para governar o Brasil?". Tenho. Eu sou um vencedor.

— Horário político, 1989

A maior dificuldade é que meu nome não aparece na cédula. Quem quer dar o seu voto para o Silvio Santos deve marcar um X no 26, Corrêa. Só que não é Corrêa. É 26, Silvio Santos.

— Horário político, 6 de novembro de 1989

Não tenho condições de fazer campanha. Não vai ser campanha que vai modificar a opinião do povo. O povo já sabe quem é o Silvio Santos.

— SBT, 2 de novembro de 1989

O único partido que não interessa para mim é o não trabalhista.

— SBT, 6 de março de 1988

O que é jogada política? É pegar um político e jogar ele pro alto?

— SBT, 21 de outubro de 1989

Essa época da política e da minha vaidade já acabou.

— RedeTV!, 18 de maio de 2016

Relação com os presidentes

Eu sou concessionário, um office boy de luxo do governo. Faço aquilo que posso para ajudar o país e respeito o presidente, qualquer que seja o regime.

— *Folha de S. Paulo*, 21 de fevereiro de 1988

Jânio [Quadros] é um gênio.

— SBT, 6 de maio de 1988, repetido para
O Estado de S. Paulo, 8 de maio de 1988

Podem crer que eu não vou decepcionar o presidente Figueiredo.

— SBT, 19 de agosto de 1981

[João Figueiredo] era um sujeito firme. Quando não gostava de alguém, dizia na cara. Mais tarde, ele me deu uma concessão em Brasília. Disse na ocasião: estou com o saco cheio dos Marinho, então vou te dar este canal para eles sossegarem um pouco. Ele havia brigado com os Marinho. Figueiredo, sim, era machão.

— *Veja*, 17 de maio de 2000

A minha vontade é a vontade do Silvio Santos. A minha vontade não é a vontade da minha família, da minha esposa, dos meus amigos, do meu partido e do presidente Sarney. A minha vontade é a minha vontade e as minhas decisões serão as minhas decisões.

— SBT, 6 de novembro de 1989

Gosto do Collor. Ele me socorreu num momento em que os bancos, diante da minha situação, queriam cobrar juros exorbitantes. Quando eu fui falar com ele, ele deu uma de galã. Eu disse: "O senhor não precisa fazer essa pose toda, afinal nós dois somos artistas".

— Veja, 17 de maio de 2000

Ainda bem que ele [Fernando Collor] não é animador de auditório. Seria um concorrente terrível. É boa-pinta e fala bem. Eu o contrataria para apresentar um telejornal na minha rede.

— *Veja*, 17 de maio de 2000

Votei [em Fernando Henrique Cardoso], até porque não tinha nenhum outro candidato. Na minha opinião é o melhor presidente que o Brasil já teve nos últimos cinquenta anos, comparável a Juscelino Kubitschek. Juscelino era empreendedor.

— *Veja*, 17 de maio de 2000

SILVIO SANTOS

Eu entrei pra ver se ele [Lula] doava R$ 12 mil porque é o último ano dele na Presidência e o Teleton comemora 12 anos.

— Após uma reunião com o então presidente Lula, no Palácio do Planalto. Semanas depois, tornou-se público o caso do Banco PanAmericano. SBT, 20 de setembro de 2010

6 Vida pessoal

Por diversas razões, Silvio Santos alimentou o máximo de mistério em torno da sua vida pessoal. Uma dessas razões é a segurança. Durante o *Show de Calouros* de 21 de fevereiro de 1988, deu a seguinte resposta para uma telespectadora que perguntou o porquê de ele não mostrar a sua família na televisão:

— Eu coloco a minha família em risco se ela aparecer na televisão. Eles podem querer fazer alguma coisa que não devem com a minha família e o artista sou eu.

Outra razão é a construção do mito em torno da sua figura. Durante anos, Silvio acreditou que alimentar dúvidas seria fundamental para manter o interesse do público. Para a revista *Veja* de 28 de maio de 1975, declarou:

— Eu descobri como é importante uma interrogação. É muito difícil criar uma interrogação. Então, quando ela surge, é preciso aproveitá-la.

Entre os anos 1960 e 1970, mentiu a idade para a imprensa. No livro *A Vida Espetacular de Silvio Santos,* publicado em 1972 pela L. Oren, o autor, Arlindo Silva, escreveu que seu biografado tinha "37

SILVIO SANTOS

anos ainda incompletos", quando, na verdade, comemoraria 42 no fim daquele ano. A mesma edição de *Veja*, mencionada anteriormente, brinca com essa questão: "E [Silvio] continua, aos 39 anos declarados — há quem diga que tem um pouco mais —, tão exuberante como sempre foi diante dos implacáveis holofotes dos auditórios". Ou seja: entre 1972 e 1976, teria ficado somente dois anos mais velho!

Outra mentira que Silvio costumava contar nessa mesma época estava relacionada com o seu estado civil. Dizia ser solteiro, quando, na verdade, era casado desde 15 de março de 1962 com Aparecida Honoria Vieira. Cidinha era filha da dona de uma pensão no bairro da Bela Vista e, quando adolescente, gostava de frequentar os auditórios das rádios. Silvio a conheceu na Nacional. Casados, trilharam o caminho entre as dificuldades, no tempo em que eles próprios montavam e entregavam as cestas do Baú da Felicidade, até a fortuna.

Com Cidinha, Silvio teve suas duas primeiras filhas. Com o tempo, ele passou a numerá-las. A nº 1, Cíntia, nasceu no ano seguinte ao casamento. A nº 2, Silvia, adotiva, nasceu em 1970. Foi Manoel de Nóbrega quem a recebeu primeiro nos braços, ainda recém-nascida. Para a mulher que lhe deu a criança, Nóbrega contou que não poderia aceitá-la porque já tinha um filho crescido, Carlos Alberto, mas disse que Silvio Santos gostaria de tê-la para presentear sua esposa. Com apenas três dias de vida, Silvinha, enrolada em um cueiro, chegou à casa dos Abravanel. Tanto Cíntia quanto Silvia foram, por muitos anos, escondidas do público, indo inclusive morar no exterior. Cidinha faleceu em 22 de abril de 1977, vítima de câncer no estômago.

Silvio só voltou a casar de papel passado em 20 de fevereiro de 1981, com Iris Pássaro. Ele a conheceu quando Iris tinha 19 anos de idade, em uma praia, no final dos anos 1960, e passaram a viver juntos em 1975. Como acontece com qualquer casal, eles também passaram por crises. Chegaram a ficar separados por cerca de 5 meses, entre 1992 e 1993, e se reconciliaram diante da câmera do SBT. O *Aqui Agora* exibiu uma reportagem de 8 minutos que mostrou os dois trocando juras de amor e, ao final, um beijo na boca que rendeu 25 pontos de audiência.

Silvio e Iris tiveram quatro filhas: Daniela, a nº 3; Patricia, a nº 4; Rebeca, a nº 5; e Renata, a nº 6. Todas elas, do primeiro e do segundo casamento, vieram trabalhar com o pai. No SBT, por exemplo, Patricia tornou-se apresentadora, Silvia passou a conciliar o trabalho diante e por trás das câmeras e Daniela assumiu a direção artística.

E, por falar em relação com pai, Silvio teve um amigo de quem se sentia filho: Manoel de Nóbrega. Os dois construíram uma relação que atravessou os estúdios e o Baú da Felicidade. Não raro, Silvio o chamava de pai. "Eu às vezes me surpreendo dando bronca nele. 'Ô, rapaz, você é louco? Com esse frio, você só com esse negócio? Vai botar um agasalho'. E ele vai, porque sabe que eu o amo como um filho", disse Manoel em um depoimento gravado em 3 de outubro de 1974. "Ele [Silvio] é um sujeito com um sentimento de gratidão fora de série."

Silvio Santos demonstrou isso publicamente, por exemplo, em 18 de fevereiro de 1973, um domingo. Manoel completava 60 anos de vida e apresentava a *Praça da Alegria* dentro do *Programa Silvio Santos*, ainda na Globo. Ao final, Silvio apareceu sem avisar, sentou-se ao lado dele no banco e disse, olhando para as suas colegas de trabalho:

"Vocês sabem que tudo o que eu tenho foi Manoel de Nóbrega que me deu. Ele me deu o Baú, me deu o programa de rádio, me deu o programa de televisão. Mas tudo isso eu poderia ter, eu poderia ter um Baú, eu poderia ter um programa de rádio, eu poderia ter um

SILVIO SANTOS

programa de televisão. Mas há uma coisa que ele me deu, e só ele podia me dar: é o exemplo de um trabalho honesto, um amor ao trabalho..."

Catorze anos depois, Silvio repetiu a mesma surpresa quando Carlos Alberto de Nóbrega, filho de Manoel, estreou *A Praça é Nossa*. Terminados todos os quadros, o animador entrou no palco batucando uma colher de café em um pires, revivendo os tempos de camelô. Deu ordens para tirar todos os intervalos comerciais daquele momento em diante. Por uma hora, relembrou passagens da vida dele com Manoel e Carlos Alberto, que Silvio havia tirado da Bandeirantes e transformado em diretor artístico do SBT.

> "Você [Carlos Alberto de Nóbrega] não veio só como redator, você não veio só como artista, porque redatores e artistas nós encontramos no Brasil, nos Estados Unidos, na Argentina. Você veio como meu irmão, você veio como meu amigo, você veio como uma pessoa que vai me ajudar a fazer aquilo que o seu pai gostaria de fazer comigo. [...] E você veio me ajudar não no banco da praça, não. Você veio me ajudar com as suas qualidades pessoais, que você herdou do Manoel. Você veio me ajudar agora, depois de uma faculdade na Globo, com as suas qualidades profissionais. "

Após dizer essas palavras, Silvio fez referência aos filhos de Carlos Alberto, que não conseguiu mais conter as lágrimas.

Nas poucas vezes que falou sobre a forma como enxerga a vida, um dos aspectos que mais ressaltou foi o amor ao trabalho, que já disse ser "a coisa mais importante para o ser humano". Durante uma gravação feita no final dos anos 1980, Silvio desenvolveu essa ideia.

"Muitas coisas eu deixei de fazer, tantas horas de lazer eu perdi em nome do compromisso, em nome da responsabilidade, em nome do dever. E valeu a pena, sabe? Eu não tive medo de correr riscos! Isso hoje me dá muita autoconfiança, porque a experiência da minha vida me mostrou que é possível fazer qualquer coisa, desde que nós estejamos dispostos a trabalhar."

A fé é outro tema recorrente. Silvio é judeu, aprendeu hebraico, cumpre os jejuns e demonstrou ter orgulho das suas origens, especialmente de Isaac Abravanel, nascido em Lisboa no ano de 1437.

"Meu nome completo é Senor Abravanel. E é Senor porque eu sou o dom. O homem que me deu origem consertou as finanças de Portugal, depois foi chamado pelos reis católicos Isabel e Fernando para a Espanha. Era o dom Isaac Abravanel. Consertou as finanças da Espanha, depois, quando chegou a Inquisição, os reis católicos Fernando e Isabel disseram: "Você fica e o teu povo, o povo judeu, vai". E ele falou: "Não, não! O povo judeu vai e eu vou junto!". E foi para Salonica, na Grécia. De lá, então, meu pai, meu avô, tiveram o título de *señor*, dom Abravanel. E aqui no Brasil não existe dom, o título que os meus antepassados ganharam [...]. O dom Isaac Abravanel foi um dos que deu dinheiro para que Colombo viesse descobrir a América. Então disseram pro meu pai: "Ih, que dom? Dom é frescura, não tem cura!". Então ele colocou Señor. Señor quer dizer dom Abravanel."

SILVIO SANTOS

Apesar da sua religião, Silvio já pôs Jesus em seus programas. Ao final de cada edição do *Porta da Esperança*, surgia a imagem de um ator representando Cristo, olhando para o alto, envolvido pela penumbra. Ao fundo, uma voz soturna lia o seguinte texto: "Paz, amor, fé, esperança, luz e união não são apenas palavras. Você tem certeza de que já fez tudo que podia pelo seu semelhante? Pense bem, pois um dia vamos nos encontrar e eu gostaria muito de chamá-lo de meu filho".

Por ocasião do Natal de 1971, mandou publicar um anúncio de página inteira em vários jornais que trazia uma imagem de Jesus e a frase: "Eu sou o caminho, a verdade e a vida!". Por anos, escritórios e estúdios do Grupo Silvio Santos tiveram essa mesma imagem fixada na parede. Ela, inclusive, gerou certa confusão na cabeça de um velho peão que trabalhava em uma das fazendas de Silvio. Ele, que nunca tinha visto o animador na vida, quando olhou para o quadro, exclamou: "Nossa, como o patrão está acabado!".

Silvio chegou a declarar que, se não fosse animador, seria pastor evangélico. Para a revista *Veja* de 17 de maio de 2000, disse que ouvia pregações de Edir Macedo enquanto dirigia para o trabalho.

E, por falar em dirigir, Silvio faz questão de usar os mesmos veículos por anos, como o Camaro LTD 1975 branco e o Lincoln Town Car Signature Series Jack Nicklaus 1993, placa DRP-9999, branco com capota verde. Este último ficou tão famoso que, quando rodava com ele pela cidade de São Paulo, os outros motoristas abriam caminho, pois sabiam que era Silvio quem estava no volante. Após mais de 15 anos de uso, o apresentador pôs o veículo em exposição permanente dentro da sede do SBT.

As reportagens já publicadas sobre Silvio Santos revelaram que ele preservou hábitos simples, mesmo depois de ter ficado rico. Quase não tem vida social, preferindo permanecer em casa ou viajar em família. Não tem as mesmas preocupações com segurança que outros milionários como ele possuem. Até ele e sua filha Patricia serem mantidos reféns, acreditou que sua fama era suficiente para protegê-lo. Em 30 de agosto de 2001, Silvio foi mantido em cárcere privado dentro de sua própria casa pelo sequestrador de Patricia, Fernando Dutra Pinto. Durante várias horas, o Brasil e o mundo ficaram com os olhos na TV, que transmitiu tudo ao vivo. O caso só chegou ao fim quando o governador de São Paulo Geraldo Alckmin, atendendo a um pedido feito por Silvio, foi até o local e negociou a rendição do bandido.

Conservador, cultiva uma rígida rotina, iniciada por volta das 5 horas da manhã e encerrada às 22h30min. Há quatro décadas tem o seu cabelo cuidado por Jassa, um de seus maiores amigos e conselheiros. E é mão de vaca, daqueles que espremem o creme dental até o limite de suas forças.

Disse acreditar que o ideal é viver como a classe média dos Estados Unidos, seu país de referência não apenas quando pensa em televisão, mas também em saúde, emprego, segurança pública e qualidade de vida. Passa cada vez mais tempo na casa que comprou em Celebration, na Flórida. Construído pela Disney, esse condomínio nasceu com a promessa de ser a cidade do futuro, ainda que sua arquitetura remeta ao final do século XIX. É lá que Silvio passa os dias como qualquer outra pessoa, lavando louça, fazendo compras no supermercado e assistindo a séries no Netflix.

Conforme disse certa vez, Silvio possui três personalidades: o homem comum, que não consegue ser no Brasil; o artista, com pelo menos seis gerações de admiradores; e o empresário, responsável por diferentes negócios e milhares de empregos. Dentro dele, esses perfis

SILVIO SANTOS

se misturam de tal forma que não é possível delimitar onde acaba o Senor Abravanel e começa o Silvio Santos. E foi justamente com esse amálgama que cada brasileiro modelou a imagem que tem dele, ainda que ela apresente algumas lacunas deixadas pelo mistério que ele sempre fez questão de cultivar.

Alguns podem rejeitá-lo, enquanto outros podem amá-lo, mas ninguém pode ignorá-lo. Ao estudar a vida de Silvio Santos, pode-se, mais do que conhecer a vida de um artista, compreender como pensa, age e sente o Brasil popular, que é o verdadeiro Brasil.

FERNANDO MORGADO

— POR ELE MESMO —

Em que acredita

Nada se consegue sem esforço, sem dedicação, sem honestidade. Meus pais me ensinaram esta lição e eu aprendi. Tenho adoração por eles. Quando a educação é feita com carinho e amor, a gente retribui naturalmente, a vida inteira.

— *O Cruzeiro*, 5 de maio de 1971

Sempre achei que a melhor maneira de se viver é como um cidadão de classe média.

— SBT, 21 de agosto de 2011

Não quero saber dos outros. Cada um leva a vida que quer. Como eu digo, quer beber, ser homossexual, fumar maconha, cheirar cocaína, não atrapalha a minha vida. Não me enche o saco. É como nos Estados Unidos, ninguém aborrece um bêbado e ele não aborrece ninguém.

— *Jornal do Brasil*, 14 de fevereiro de 1988

Eu sempre sonhei em ter no Brasil uma vida como os americanos têm nos Estados Unidos.

— SBT, 21 de agosto de 2011

SILVIO SANTOS

Eu dirijo o meu trabalho; o meu trabalho não me dirige.

— SBT, 19 de agosto de 1981

Amigo íntimo? Acho que não tenho nenhum.

— *Veja*, 28 de maio de 1975

Quando o ser humano está com a razão, Deus é o seu advogado. Ninguém vence o ser humano quando ele tem razão. Quem tem razão, forte ou fraco, vence sempre. O bem sempre vence o mal. E não teríamos razão para viver, mesmo que esta vida termine no pó, se o mal vencesse o bem.

— SBT, 21 de fevereiro de 1988

Violência

Nós estamos no meio de uma guerra, fazer o quê? Não adianta ficar com medo. Além disso, nas vezes em que eu fui assaltado, os bandidos não fizeram nada porque reconheceram a voz do Silvio Santos.

— *Veja*, 17 de maio de 2000

Tenho certeza que, em qualquer sequestro, a imprensa deve se manter respeitando a orientação policial. Cada caso é um caso. Dizer que a imprensa ajuda divulgando, ou dizer que a

imprensa prejudica divulgando, não é uma verdade total. A imprensa deve fazer aquilo que os americanos fazem: respeitar a orientação policial.

— Entrevista coletiva após o fim do sequestro de sua filha nº 4, Patricia. Globo, 28 de agosto de 2001

Vai acontecer uma tragédia. Ele vai me matar se o governador não vier.

— Falando com a polícia enquanto era mantido refém, em sua própria casa, pelo sequestrador Fernando Dutra Pinto. *Veja*, 5 de setembro de 2001

Eu posso garantir a você que se o governador [Geraldo Alckmin] não fosse ontem até a minha casa, eu tenho certeza, não é um palpite, eu poderia morrer, o Fernando [Dutra Pinto, sequestrador] certamente morreria e mataria três ou quatro policiais que lá estavam.

— Jovem Pan, 31 de agosto de 2001

O sequestro é, pra mim, o *Show do Milhão*, só que o Fernando não comprou a revista. E foi logo apelando para as cartas: mandou uma primeira carta que o Datena leu ela toda na TV Record, mandou mais uma segunda carta, mandou mais a terceira carta... Não tinha mais carta para mandar, ele apelou para os universitários: minha filha, que é universitária, e mais duas universitárias que estavam com ele. Aí não tinha mais universitárias pra ele apelar, então apelou para os pulos: deu o primeiro pulo na minha casa, deu o segundo

SILVIO SANTOS

em Alphaville e deu o terceiro na minha casa de novo. Tava com meio milhão na mão, resolveu arriscar, perdeu tudo.

— Contando piada sobre o próprio sequestro.
SBT, 26 de outubro de 2001

A fé de minha filha Patricia fez com que nós tomássemos conhecimento de que uma coisa muito importante na nossa vida é termos uma fé inabalável, inquebrantável. E que nós estejamos certos de que, em qualquer situação, Deus está conosco, dentro de cada um de nós.

— Agradecendo às orações dos brasileiros pelo fim do sequestro de sua filha nº 4, Patricia. No dia seguinte, ele seria mantido refém. SBT, 29 de agosto de 2001

Fé

A minha família é de origem judaica e a minha religião é israelita, sou judeu.

— Depoimento para o livro *50 anos de TV no Brasil*, organizado por J. B. de Oliveira Sobrinho, Boni (Editora Globo, 2000)

Eu sou judeu. Aprendi hebraico, sei rezar a oração dos mortos, respeito as datas religiosas. Leio a Bíblia e sigo os preceitos. Faço jejum completo. Quando é época, não tomo nem água ‑ na hora do Rohypnol [remédio para dormir], chego a juntar cuspe na boca para poder engolir.

— *Veja*, 17 de maio de 2000

Sou fã também do bispo Edir Macedo, embora não seja adepto da religião dele. Ele tira as pessoas das drogas, da bebida, faz com que as classes menos favorecidas tenham confiança no futuro.

— *Veja*, 17 de maio de 2000

A ideia de ter construído um Templo de Salomão vale muito mais do que o próprio templo. Muita gente no mundo poderia ter construído até com o seu dinheiro particular, mas ninguém teve essa ideia. A ideia é fortíssima. Foi uma iluminação divina.

— Record, 3 de abril de 2016

Na verdade, se não fosse animador, gostaria de ser pastor. Mas, na minha igreja, eu só ia falar do Velho Testamento. Está tudo lá.

— *Veja*, 17 de maio de 2000

Quanto a Jesus... Ele pode ter sido lá o filho de Deus. Mas eu acho que ele era mais um cara brilhante, um sujeito que hoje seria o Lula, o Jânio Quadros, o Collor. Acho que ele era antes de tudo um político.

— *Veja*, 17 de maio de 2000

O pessoal não acredita, mas eu sim. E não vou me arriscar. A cigana só falou de filme, livro e entrevista. Exposição, não.

— Uma vidente estadunidense teria previsto que, caso Silvio Santos participasse de algum filme, livro ou entrevista, morreria no dia seguinte. *Folha de S. Paulo*, 4 de dezembro de 2016

SILVIO SANTOS

Morte

Nada dura muito tempo. E eu já acho que estou durando mais do que devia.

— SBT, 19 de agosto de 2011

Estatisticamente eu tenho mais oito anos de vida, já que o homem vive hoje em média 65 anos. Então, vou ser inteligente para administrar bem e de forma útil o tempo que me resta.

— *Jornal do Brasil*, 14 de fevereiro de 1988

Sou a favor [da pena de morte], desde que seja como nos Estados Unidos. Lá, o sujeito fica um longo período preso, passa por todos os julgamentos possíveis para não ter erro e tem todas as oportunidades de perdão. O preso tem até tempo de fazer barulho, escrever livros. Isso é bom do ponto de vista de marketing.

— *Veja*, 17 de maio de 2000

Não tenho medo de morrer.

— *Veja*, 17 de maio de 2000

Eu sinto dentro de mim, errada ou acertadamente, que eu já tive outras vidas e que outras vidas terei.

— SBT, 21 de fevereiro de 1988

Sei que alguma coisa vai estar reservada para mim no outro lado, uma nova missão.

— *Veja*, 17 de maio de 2000

Eu sei que [a morte] é um sono profundo. Deve ser gostoso dormir.

— Record, 3 de abril de 2016

Só [tenho medo] de doença. Mas não sou hipocondríaco. No meu corpo só entram três drogas: Doce Menor, Synthroid, que é o remédio para a tireoide, e Rohypnol, que uso para dormir.

— *Veja*, 17 de maio de 2000

Não tenho um sonho. Não é um sonho, mas, como eu vou morrer, gostaria de morrer sem ir para o hospital. É a única coisa que eu posso esperar com 83 anos. O que você pode esperar com 83 anos? Só embarcar a qualquer momento.

— *Veja São Paulo*, 7 de fevereiro de 2014

Na intimidade

Confidências? Eu não costumo fazer confidências nem para mim mesmo!

— *Veja*, 28 de maio de 1975

Minha vida profissional é uma, minha vida particular é outra. Eu não impeço que se metam em minha vida particular. Quem quiser, pode opinar à vontade.

— *A Crítica*, 1969

Lembro-me que, no tempo de menino, com 11 ou 12 anos, nosso divertimento preferido, porque era emocionante, consistia em entrar nos cinemas de graça, usando todos os artifícios possíveis.

— Recordando a infância ao lado do irmão Leon, cujo nome artístico era Léo Santos. Depoimento para o livro *A Vida Espetacular de Silvio Santos*, de Arlindo Silva (L. Oren, 1972)

Dizem que eu fui raptado, que eu tenho cento e vinte e dois filhos. Acontece que eu prefiro que digam isso em vez de dizerem o que dizem dos meus colegas, acusados pelo público de fumar maconha, ter tendência feminina acentuada...

— *A Crítica*, 1969

Foi na Rua Ubaldino do Amaral, com uma francesa que era a rainha da garotada!

— Contando onde e com quem perdeu a virgindade. SBT, 21 de fevereiro de 1988

Sou a favor do divórcio porque o casal não deve viver junto se não há amor. E quanto aos filhos, quando houver divórcio no Brasil, eles serão (ou deverão ser) preparados para isso. Os filhos vão entender. Mesmo os casais que não estiverem em crise de relacionamento deverão preparar seus filhos quando estiverem na idade de raciocinar, para que aceitem a separação, se ela acontecer.

— *O Cruzeiro*, 8 de setembro de 1970

Esse negócio de Silvio Santos solteiro ou casado não foi inventado por mim. A turma das revistas é que resolveu explorar.

— *A Crítica*, 1969

Eu descobri como é importante uma interrogação. É muito difícil criar uma interrogação. Então, quando ela surge, é preciso aproveitá-la.

— Falando sobre seu estado civil.
Veja, 28 de maio de 1975

Quando eu me lembro da minha mulher que morreu e que eu dizia que era solteiro; que eu escondia as minhas filhas pra poder ser o galã, pra poder ser o herói; eu, quando falo com a minha consciência, acho que são das coisas imperdoáveis que eu fiz diante da minha imaturidade.

— SBT, 21 de fevereiro de 1988

A minha maior tristeza foi a morte da minha primeira mulher, Cida, aos 39 anos de idade, com câncer no estômago. A minha maior alegria foi ter conhecido a minha esposa, Iris.

— SBT, 21 de fevereiro de 1988

Quando eu cheguei em São Paulo, usava blusão, parava na rua, comia melancia, abacaxi, comprava tangerina, comia pastel na pastelaria... Ficava parado ali no [Bar do] Jeca, na São João com a Ipiranga, vendo as mulheres passarem, como eu ficava na Cinelândia, no Odeon... Assim, de camisa, mas que não era boa assim, não, era uma camisa... Rá-rá!

— SBT, 7 de maio de 1987

Não sou devasso. Sempre tive uma família bem constituída, bem estruturada.

— *Jornal do Brasil*, 14 de fevereiro de 1988

Não sou luxurioso.

— *Folha de S. Paulo*, 21 de fevereiro de 1988

Gosto de biografias, pois são o espelho da vida. Mas também gosto de ler livros do tipo "viva em paz com a sua coluna", "como lidar com as pessoas".

— *Folha de S. Paulo*, 21 de fevereiro de 1988

Há gente que pode e tem tempo pra dedicar à leitura de romances.

Eu não tenho. Quer dizer, eu tenho, sou obrigado a ler todos esses livros técnicos. E não sobra mais tempo.

— *A Crítica*, 1969

Eu não leio jornal de manhã, em dias de programa, porque tenho alergia e começo a espirrar. A tinta do jornal me faz mal. Eu leio jornal de noite, sentado no meu banheiro, onde tenho sossego.

— SBT, 22 de outubro de 1989

Eu tenho dificuldade para decorar qualquer coisa. Decorar e guardar fisionomia é muito difícil.

— SBT, 1 de março de 2001

Eu só lavo a louça de noite, depois que a Iris cozinha, porque aí ela não pode reclamar que está fazendo a comida.

— *Veja São Paulo*, 7 de fevereiro de 2014

Quando eu quero comer cachorro-quente, vou pra Nova York, onde tem umas barraquinhas na rua, vendendo em cada esquina. Eu sento na 5ª Avenida e olho as mulheres passarem, vou ao cinema...

— SBT, 7 de maio de 1987

Quinoa? Não gosto muito não... Risoto de quinoa? Nunca vi isso! É arroz de pobre...

— *Veja São Paulo*, 7 de fevereiro de 2014

SILVIO SANTOS

Já tirei a próstata. Foi dia 4 de julho. Eu tô até com raiva de julho! Já passou agosto, setembro, outubro, novembro, dezembro, janeiro, fevereiro e ainda está pingando!

— *Veja São Paulo,*
7 de fevereiro de 2014

Bom, eu vou ao cinema pra me divertir. Se eu souber que é filme de arte, escolho um outro. Por exemplo, eu leio no jornal que um filme é muito bom, que é genial. Aí eu vejo o nome do crítico. Se ele foi um dos intelectualizados (e tá cheio deles), então eu não vou. Eu vou ver filme de movimento, de ação.

— *A Crítica,* 1969

A minha vibração é sempre a novidade. Quando viajo como turista, se estou num grupo, quero chegar na atração turística na frente do grupo e depois quero ir embora logo. Já não adianta ficar explicando o que é, pois quero ir embora logo. Enquanto os outros fazem questão de ter detalhes, de fazer um diário, de fotografar, depois voltar e contar minuciosamente aquilo que viram, eu não. Chego, olho, já vi, gostei ou não gostei — e vou embora.

— *O Estado de S. Paulo,* 7 de janeiro de 1992

Eu gosto de tranquilidade. Eu sou um ermitão. Saio da minha casa, vou para o SBT. Saio do SBT, vou para a minha casa.

— Record, 3 de abril de 2016

Quando penso: "Se pudesse voltar atrás, o que teria feito diferente na minha vida?", eu acho que queria ter muitos hobbies, porque hoje o meu hobby é só dormir, andar na esteira, fazer televisão e tomar conta das minhas empresas... É, eu gostaria de ter outros divertimentos.

— Depoimento para o livro *50 Anos de TV no Brasil*,
organizado por J. B. de Oliveira Sobrinho,
Boni (Editora Globo, 2000)

Valores pessoais

Quem me rege, desde os 18 anos, quando era da escola de paraquedistas, é a consciência, razão e emoção. Nesta ordem.

— *Folha de S. Paulo*, 21 de fevereiro de 1988

Confesso que sempre fui amante de emoções fortes.

— Depoimento para o livro *A Vida Espetacular de Silvio Santos*, de Arlindo Silva (L. Oren, 1972)

Há coisas que nós não fazemos para os nossos contemporâneos, mas sim para futuras gerações.

— SBT, 13 de março de 1988

Sempre contei com minha saúde e força de vontade, indispensáveis no curso de paraquedismo que fiz há muito tempo no Rio. Na época,

SILVIO SANTOS

tinha oito horas diárias de ginástica, sem direito a cansaço, para não ser chamado de covarde pelos outros. Dei os cinco saltos do curso, após os voos de adaptação, cumprindo um programa em que a força de vontade é essencial. Depois, um paraquedista não pode errar. Se falhar, morre.

— *Intervalo*, 1969

Fui treinado na escola de paraquedistas do Exército. O meu treinamento foi esse que você viu no filme *Nascido para Matar*, e que deveria chamar-se Nascido para não Morrer, porque todos eles foram treinados para ir ao Vietnã e não morrer. O paraquedista não deve falhar, porque quem falha, morre. Deve agir quando é preciso agir.

— *Folha de S. Paulo*, 21 de fevereiro de 1988

Eu sou muito competitivo, tanto que quando não há com quem competir acabo competindo comigo mesmo.

— *O Estado de S. Paulo*, 8 de maio de 1988

No momento em que alguém me chama a atenção de alguma coisa errada que eu estou fazendo, eu corrijo logo. Não sou teimoso.

— SBT, 29 de outubro de 1989

É claro que, como eu subi muito rapidamente, à custa de meu próprio esforço, de meu próprio trabalho, as pessoas invejosas muitas vezes me rodeiam, mas isso é mal do mundo inteiro, não específico da classe artística brasileira.

— *A Crítica*, 1969

Espero que vocês tenham a mesma felicidade que eu tenho tido ao longo desses 86 anos que comemoro hoje. A minha vida foi muito agradável.

— Museu da Imagem e do Som de São Paulo,
12 de dezembro de 2016

Eu quero agradecer a vocês por terem vindo e terem escutado toda essa minha história. Porque o livro que o Arlindo [Silva], um grande amigo meu, ele fez por conta própria e eu fiquei muito contente. [...] Mas se tivesse que contar a minha história desde os 14 anos, quando eu comecei a minha vida de camelô, ou desde a escola pública, quando eu comecei a vender doces no recreio, eu acho que dariam três ou quatro volumes.

— SBT, 21 de agosto de 2011

Cronologia

1930

Senor Abravanel nasceu no Rio de Janeiro, em 12 de dezembro.

1945

Começou a trabalhar como camelô no centro do Rio de Janeiro. Por indicação do então diretor de fiscalização da Prefeitura, Renato Meira Lima, participou de um teste para locutores na Rádio Guanabara, conquistou a primeira colocação e foi contratado. Contudo, logo resolveu retornar para as ruas e interrompeu essa sua primeira experiência artística.

1948

Serviu ao Exército na Escola de Paraquedistas, em Deodoro. Era o soldado Abravanel, 392. Aos

SILVIO SANTOS

domingos, de folga no quartel, atuava ao lado de
Silveira Lima na Rádio Mauá.

1951

Trabalhou na Rádio Continental, em Niterói, das 22
horas à meia-noite.

1952

Inspirado pelas viagens que fazia de ida e volta para
a emissora, instalou um serviço de alto-falantes nas
barcas que atravessavam a baía de Guanabara. Mais
tarde, passou a vender refrigerantes e cervejas, animar
bingos e sortear prêmios para os passageiros. Logo se
tornou o maior vendedor de bebidas Antarctica no
Rio de Janeiro.

1954

Viajou para São Paulo, inicialmente, a passeio. Subme-
teu-se a um teste para locutores na Rádio Nacional,
hoje Rádio Globo, foi aprovado e contratado. Conheceu Manoel de Nóbrega, a quem trataria como pai.
Decidiu morar definitivamente na capital paulista,
onde lançou a Caravana do Peru que Fala.

1957

Teve seu primeiro contato com o Baú da Felicidade. A
pedido de Manoel de Nóbrega, sócio da empresa, foi

até a loja na Rua Líbero Badaró, centro de São Paulo, explicar aos clientes que eles receberiam o baú de brinquedos pelo qual pagaram e que o carnê seria tirado do mercado. Percebeu, porém, que aquele poderia ser um bom negócio, se bem administrado.

1958

Tornou-se sócio de Manoel de Nóbrega no Baú da Felicidade e manteve a empresa aberta. O Grupo Silvio Santos começou a ser formado.

1960

Lançou seu primeiro programa próprio: *Vamos Brincar de Forca*, na TV Paulista, hoje TV Globo.

1961

Adquiriu a participação de Manoel de Nóbrega no Baú da Felicidade e tornou-se acionista majoritário da empresa.

1962

Constituiu a Publicidade Silvio Santos Ltda. Casou-se com Aparecida Honoria Vieira, Cidinha.

1963

Estreou o *Programa Silvio Santos* na TV Paulista, ao meio-dia de 2 de junho. Inicialmente, a atração teve duas horas de duração. Nasceu Cíntia, sua filha nº 1.

1965

Abriu sua terceira empresa, Construtora e Comercial BF Ltda., com objetivo inicial de construir as casas entregues como prêmio aos sorteados do Baú. Mais adiante, passou a atender também outros clientes.

1968

Gravou a marchinha de Carnaval *Transplante de corinthiano*. Lançou, na TV Tupi de São Paulo, o programa que considera sua maior criação: *Cidade contra Cidade*.

1969

Entrou no setor agropecuário, aproveitando incentivos fiscais oferecidos pelo governo da época. Comprou fazendas e um parque florestal. Incorporou a RealSul S/A Crédito, Financiamento e Investimentos e a transformou em Baú Financeira. O *Programa Silvio Santos* alcançou 10 horas de duração, todas elas ao vivo.

1970

Adquiriu a Dinâmica Distribuidora de Títulos e Valores Mobiliários S/A. Passou a organizar o Troféu Imprensa, criado pelo jornalista Plácido Manaia Nunes. Silvia Abravanel, sua filha nº 2, adotiva, nasceu em São Paulo.

1971

Comprou a Vila Maria Veículos, Vimave. O objetivo era facilitar a compra dos automóveis sorteados no *Programa Silvio Santos* e manter as Kombis utilizadas pelos representantes de venda do Baú. Ingressou no setor de seguros.

1972

Constituiu a Silvio Santos Participações, empresa *holding* do Grupo. Renovou por mais quatro anos o contrato de concessão de horário com a TV Globo, tendo seu programa dominical transmitido para toda a rede. Lançou *Boa Noite, Cinderela*.

1974

Transformou a Publicidade Silvio Santos em Studios Silvio Santos de Cinema e Televisão. Passou a atuar no setor de previdência privada.

1975

Adquiriu a Liderança Capitalização. Recebeu do governo sua primeira concessão de televisão, em 23 de dezembro.

1976

Inaugurou a TVS, canal 11 do Rio de Janeiro, em 14 de maio. Recebeu homenagem da Assembleia Legislativa fluminense. O *Programa Silvio Santos* passa a ser transmitido em cores. Levou sua maratona dominical para a Rede Tupi, em 1 de agosto. Lançou *Qual é a Música?*. Assumiu oficialmente sua participação acionária na Record. Transferiu seu programa de rádio em São Paulo da Nacional para a Record. Fez a primeira incursão no mercado de cosméticos, com a marca Chanson.

1977

Estreou o *Show de Calouros* no *Programa Silvio Santos*. Cidinha, sua primeira esposa, faleceu vítima de câncer no estômago, em 22 de abril.

1978

Em sociedade com a família Carvalho, constituiu a FM Record S/A e expandiu a área de cobertura da TV Record com novas emissoras em Jaú, São José do Rio Preto e Franca.

1979

Recebeu concessão para operar o canal 3 de Nova Friburgo, Rio de Janeiro. Ingressou no ramo de planos de saúde.

1981

Contraiu segundas núpcias com Iris Pássaro, em 20 de fevereiro, com quem tem quatro filhas: Daniela,

Patricia, Rebeca e Renata. Lançou o Sistema Brasileiro de Televisão, SBT. Em 19 de agosto, recebeu concessões de televisão do governo federal em São Paulo, Rio de Janeiro, Porto Alegre e Belém. Criou o boletim Semana do Presidente, que permaneceu no ar até 1996. Passou a apresentar o concurso Miss Brasil.

1982

Entrou no ar a TV Record Rio de Janeiro, canal 9, depois renomeada para TV Copacabana e, finalmente, TV Corcovado.

1983

Contratou Flávio Cavalcanti.

1984

Lançou o *Porta da Esperança*.

1986

Contratou Hebe Camargo. Como sinal de luto pela morte de Flávio Cavalcanti, tirou do ar a programação normal do SBT até o sepultamento do corpo do apresentador.

1987

Contratou Carlos Alberto de Nóbrega. Apareceu de surpresa na primeira gravação de *A Praça é Nossa* e fez um extenso monólogo em homenagem à família

SILVIO SANTOS

Nóbrega. Gravou a marchinha de Carnaval *A Pipa do Vovô*. Inaugurou o Teatro Imprensa. Contratou Boris Casoy e Jô Soares. No fim do ano, teve rouquidão e ficou praticamente afônico. Iniciou tratamento médico e, ao mesmo tempo, um processo de autoanálise.

1988

Fez exames de saúde em Boston, Estados Unidos, e ficou fora do ar durante quatro semanas. Acreditava que, para retribuir o carinho que recebia do público, precisava fazer pelo país algo mais que animar seu programa dominical. Ao voltar ao ar, manifestou esse pensamento diante das câmeras. Comunicou também a sua intenção de se afastar do vídeo em 1990, algo que não se cumpriu. Filiou-se ao Partido da Frente Liberal, PFL. Tentou, mas não conseguiu candidatar-se a prefeito de São Paulo. Trouxe Gugu Liberato de volta ao SBT, após breve passagem pela Globo, e entregou a ele parte do tempo do *Programa Silvio Santos*.

1989

Vendeu a Record para Edir Macedo e a rede de lojas Tamakavy, nascida como operação de varejo do Baú da Felicidade, para a Casas Bahia. Vendeu também as fazendas do Grupo. Transformou a Baú Financeira em PanAmericanoS/ACrédito,FinanciamentoeInvestimento. Quis concorrer a presidente da República pelo PFL, mas Aureliano Chaves, candidato do partido, não renunciou à vaga. Após ser cortejado por diversos partidos, ingressou no pequeno PMB, Partido Municipalista Brasileiro, de Armando Corrêa. Chegou, inclusive, a gravar programas políticos para o rádio e a televisão. Teve a candidatura impugnada após o Tribunal Superior Eleitoral, TSE, declarar que o registro do partido era inválido.

1990

Constituiu a Sisan Empreendimentos Imobiliários, responsável por gerar negócios com os imóveis pertencentes ao Grupo. Filiou-se ao Partido Social Trabalhista, PST, visando concorrer ao governo de São Paulo, mas desistiu da candidatura.

1991

Vendeu a TV Corcovado para José Carlos Martinez por US$ 15 milhões. O SBT pagou sua última dívida bancária. Pediu ao departamento de jornalismo que fizesse um programa semelhante ao que assistiu em Buenos Aires, chamado *Nuevediario*, do Canal 9 Libertad. Surgiu, assim, o *Aqui Agora*. Inaugurou o Banco PanAmericano. Lançou o título de capitalização Tele Sena. Estreou o *Topa Tudo por Dinheiro*.

1992

Novamente, filiou-se ao PFL com a intenção de disputar a eleição para a prefeitura de São Paulo.

Desentendimentos entre a direção nacional e o diretório regional geraram dificuldades para o registro das candidaturas do partido. Todas elas, inclusive a de prefeito, acabaram impugnadas pelo TSE. Encerrou sua fase de atividades partidárias. Ingressou no mercado de televisão por assinatura através da TV Alphaville.

1994

Estreou *Em Nome do Amor*, reunindo elementos de outras atrações do *Programa Silvio Santos*, como *Quer Namorar Comigo?* e *Perdoa-me*.

1996

Inaugurou o Centro de Televisão da Anhanguera, nova sede do SBT. Lançou o provedor de internet SBT Online, SOL, desativado em 2001.

1997

Estreou o *Gol Show*.

1998

Lançou a primeira edição brasileira do *Teleton*, em benefício da AACD. Tentou contratar J. B. de Oliveira Sobrinho, Boni, então vice-presidente de operações da TV Globo, mas não conseguiu. Contratou Ratinho.

1999

Lançou o *Jogo do Milhão*, logo alterando o nome para *Show do Milhão*.

2000

Firmou contratos de parceria de programação com Warner Bros., Disney e Televisa. Um negócio de US$ 150 milhões.

2001

Foi tema da escola de samba Tradição e desfilou pela primeira vez no sambódromo carioca. Sua filha Patricia foi sequestrada e, dois dias depois de ser libertada, ele mesmo foi mantido refém em sua própria casa. Foi tema da exposição *Imagem e Som do Comunicador do Século*, no Museu da Imagem e do Som do Rio de Janeiro. Lançou, em torno de grande sigilo, a primeira edição do *reality show Casa dos Artistas*, cujo episódio final registrou a maior audiência da história do SBT.

2003

Concedeu entrevista telefônica para a revista *Contigo!*, dizendo estar "à beira da morte" e que teria vendido o SBT para Boni e Televisa. Depois, esclareceu que tudo não passou de "gozação". Lançou o Centro Cultural Grupo Silvio Santos.

2006

Regressou ao setor de cosméticos ao lançar produtos com as marcas Disney e Jequiti. Inaugurou o Hotel Jequitimar Guarujá, administrado pela rede Accor.

2007

Encerrou a venda do carnê de mercadorias do Baú da Felicidade. Transformou a rede de lojas do Baú em uma operação convencional de varejo, com vendas pelo crediário. Abriu capital do Banco PanAmericano na Bolsa de Valores de São Paulo.

2008

Reformulou o *Programa Silvio Santos*, que deixou de ser uma sucessão de programas e se transformou em uma única atração de variedades.

2009

Comprou a rede de lojas Dudony, incorporada ao Baú.

2010

Foi alertado pelo Banco Central da existência de um rombo bilionário no Banco PanAmericano. Conseguiu que o Fundo Garantidor de Créditos, entidade criada e mantida pelos próprios bancos, fizesse um aporte na empresa e evitou a falência. Em contrapartida, deu todo o seu patrimônio como garantia desse empréstimo. Em seu aniversário de 80 anos, o SBT exibiu um documentário sobre a sua vida, produzido a pedido de sua família.

2011

Vendeu o PanAmericano para o BTG Pactual e, assim, desbloqueou seu patrimônio. Vendeu as lojas do Baú Crediário para o Magazine Luiza.

2012

Relançou o programa *Vamos Brincar de Forca* e ofereceu esse formato também para o exterior, sob o título de *Let's play hangman*.

2014

Trocou definitivamente o modelo de microfone que usou durante décadas, da marca Sennheiser, por um *headset*, mais próximo à boca.

2015

Voltou a vender o carnê do Baú da Felicidade através da Jequiti.

2016

Foi tema da exposição *Silvio Santos vem aí*, no Museu da Imagem e do Som de São Paulo.

Referências

Livros

AGUIAR, Ronaldo Conde. *Almanaque da Rádio Nacional*. Rio de Janeiro: Casa da Palavra, 2007.

CASTRO, Ruy. *A noite do meu bem*. Rio de Janeiro: Companhia das Letras, 2015.

DINES, Alberto. *O baú de Abravanel: uma crônica de sete séculos até Silvio Santos*. 2. ed. rev. ampl. Rio de Janeiro: Companhia das Letras, 1990.

FERNÁNDEZ, Claudia; PAXAN, Andrew. *El Tigre: Emilio Azcárraga y su imperio Televisa*. Cidade do México: Grijalbo, 2000.

FRANCO, Paulo; JOLY, Luís; THULER, Fernando. *Chaves: foi sem querer querendo?* São Paulo: Matrix, 2005.

MANZONI, Roberto. *Os bastidores da televisão brasileira*. São Paulo: Novo Século, 2005.

MIRA, Maria Celeste. *Circo eletrônico: Silvio Santos e o SBT*. São Paulo: Loyola; Olho d'Água, 1994.

MIRANDA, Luci. *Dermeval Gonçalves: nos bastidores da TV brasileira*. Bragança Paulista: ABR, 2012.

MORGADO, Fernando. *Blota Jr.: a elegância no ar*. São Paulo: Matrix, 2015.

_____. *Televisionado*: artigos sobre os principais nomes da TV. Rio de Janeiro: Multifoco, 2009.

SANDOVAL, Luiz Sebastião. *Aprendi fazendo: minha história no Grupo Silvio Santos, do Baú da Felicidade à crise no Banco PanAmericano*. São Paulo: Geração Editorial, 2011.

SILVA, Arlindo. *A fantástica história de Silvio Santos*. São Paulo: Editora do Brasil, 2000.

_____. *A vida espetacular de Silvio Santos*. São Paulo: L. Oren, 1972.

SOBRINHO, J. B. de Oliveira (org.). *50 anos de TV no Brasil*. São Paulo: Globo, 2000.

TARQUINI, Jorge. *Grupo Silvio Santos: 50 anos crescendo com o Brasil*. São Paulo: TV1 Editorial, 2007.

Periódicos

Afinal
Amiga
Contigo!
A Crítica
O Cruzeiro
Diário de Notícias
O Estado de S. Paulo
Exame
Folha de S. Paulo
Ilusão
Intervalo
IstoÉ Dinheiro
Jornal do Brasil
Marketing
Melodias
Olho Mágico
Poder
Realidade
Revista do Rádio
Sétimo Céu
Veja
Veja São Paulo

Sites

al.sp.gov.br
camara.leg.br

fernandomorgado.com.br
mofotv.blogspot.com.br
obaudosilvio.blogspot.com
paginadosilviosantos.com
sbt.com.br
sbtpedia.com.br
tudosobretv.com.br
tv-pesquisa.com.puc-rio.br

Visite nosso site e conheça estes e outros lançamentos

www.matrixeditora.com.br

Cabo Anselmo | José Anselmo dos Santos

Cabo Anselmo é um dos nomes mais emblemáticos nos episódios que levaram à tomada do poder pelos militares em 1964. Seria ele um traidor hediondo, como a esquerda o qualifica, por ter abandonado um movimento cujo objetivo era a instalação de uma ditadura comunista? Ou será que ele manteve lealdade à pátria e às Forças Armadas que jurou defender? Nesta obra o próprio Cabo Anselmo responde a essas e a outras questões que cercam seu nome.

Vencendo a Morte | J. M. Orlando

Até bem pouco tempo, morria-se mais em uma guerra não por conta do ferimento em si, mas pelas infecções advindas da falta de conhecimento necessário para prover o adequado tratamento da ferida de batalha. As diversas batalhas trouxeram avanços significativos para a Medicina militar e, em breve intervalo de tempo, passaram também a beneficiar a população civil. *Vencendo a Morte* mostra essas conquistas, com base em pesquisa histórica minuciosa, só comparável às poucas – e melhores – obras do gênero publicadas no mundo, sem similar em nosso país.

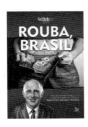

Rouba, Brasil | Agamenon Mendes Pereira

Este livro é um escândalo de bom. A turma do Casseta & Planeta está de volta, agora com mais uma obra de Agamenon Mendes Pedreira, personagem criado pelos humoristas Hubert Aranha e Marcelo Madureira. O velho lobo do jornalismo comenta em crônicas publicadas nos mais importantes veículos da imprensa as mais recentes falcatruas da política brasileira e a maior pedalada do esporte nacional. É como se fosse uma aula de história da surrupiação. Um autêntico livro 'rouba, mas faz'. Rouba a sua atenção e faz você rir muito.

Fêmea Alfa | Nalini Narayan

Uma praticante de sexo grupal decidiu contar sua vida de orgias. O resultado é este livro. Uma obra que fará você questionar a liberdade dos sentimentos, a forma como as pessoas se relacionam afetivamente, a sua sexualidade e a dos outros. Um mundo de prazeres como você nunca viu.